JAMIE DORNAN
IO SONO GREY

1
Inizia la caccia

Estate 2013: la caccia è iniziata. Si cerca l'attore adatto a interpretare sul grande schermo uno dei ruoli più attesi e chiacchierati degli ultimi tempi.

Un paio di anni prima, una scrittrice sconosciuta – firmandosi E L James – aveva pubblicato un romanzo divenuto all'istante un *succès de scandale.* Il passaparola dei lettori lo aveva subito reso un caso, finché anche l'editoria convenzionale se n'era accorta e una casa editrice accreditata lo aveva dato alle stampe. Il risultato è il bestseller internazionale *Cinquanta sfumature di Grigio.* La vicenda del misterioso e seducente Christian Grey e dell'inesperta ma volitiva Anastasia Steele si è imposta come un fenomeno editoriale, scalando i primi posti nelle classifiche di tutto il mondo. Un successo simile rendeva quasi scontata la trasposizione cinematografica. Ma a chi affidare la parte del protagonista?

Le congetture si sprecavano. Con maggiore o minore fondatezza, si è fatto il nome di metà delle giovani star più in vista di Hollywood, compresi Ryan Gosling, Matt Bomer, William Levy, Channing Tatum, Alexander Skarsgård, Stephen Amell, Ian Somerhalder e Michael Fassbender. Degli attori citati, solo alcuni sono stati effettivamente interpellati dalla produzione, e l'annuncio ufficiale del cast ha sorpreso tutti. Ian Somerhalder vantava di certo il *physique du rôle* e aveva espresso la sua candidatura spontanea attraverso un tweet, senza essere esaudito. In altri casi, come in quello di Matt Bomer, erano stati i suoi stessi fan a lanciare una campagna via Twitter per sponsorizzarne l'ingaggio.

Com'era prevedibile, in cima alla lista dei favoriti figurava Robert Pattinson, assurto a sex symbol planetario per aver vestito i panni di Edward Cullen. Il vampiro più attraente della storia e protagonista di *Twilight* aveva infatti ispirato la prima versione di *Cinquanta sfumature di Grigio*, nato in origine come *fan fiction* della fortunata serie di Stephenie Meyer. Le voci che lo davano per prescelto, tuttavia, si spensero ben presto. Il ruolo gli era stato offerto, ma Pattinson aveva declinato, su consiglio della co-protagonista in *Twilight*, e ai tempi fidanzata, Kristen Stewart. Se avesse accettato, lo aveva messo in guardia la Stewart, sarebbe stato per sempre identificato con il personaggio di Christian Grey. E in effetti non aveva tutti i torti.

Le ricerche erano quindi andate avanti. Non era una questione da prendere alla leggera. Dato il successo fenomenale della trilogia, i film avrebbero sicuramente sbancato al botteghino, generando introiti per centinaia di milioni, forse anche di più. Allo stesso tempo, la parte in sé costituiva un'arma a doppio taglio. Per risultare credibile, infatti, chiunque l'avesse interpretata avrebbe dovuto essere impeccabile: la vicenda riguardava pur sempre una relazione sadomaso; il minimo eccesso rischiava di degenerare in caricatura, coprendo di ridicolo l'intero progetto. E non era certo quello l'unico problema: quale attore già affermato avrebbe corso il rischio di compromettere la sua reputazione lasciandosi coinvolgere in un progetto così delicato? Per contro, quale produttore avrebbe investito tante risorse affidandosi a un perfetto sconosciuto? Così il tempo passava, le ipotesi si moltiplicavano e la tensione saliva.

Poi, alla fine, è arrivato l'annuncio: la produzione aveva scelto un attore inglese. Charlie Hunnam, un giovane attraente noto per la partecipazione alla serie televisiva *Sons of Anarchy*, in cui impersonava Jackson "Jax" Teller, e salito per la prima volta alla ribalta nei panni di Nathan Maloney per la serie *Queer as Folk* in onda su Channel 4. Hunnam aveva al suo attivo anche numerose apparizioni cinematografiche, per esempio in *Hooligans*, *I figli degli uomini* e *Pacific Rim*, nonché l'età perfetta: trentatré anni. E L James sembrò sinceramente entusiasta della scelta. «Il bellissimo e talentuoso Charlie Hunnam sarà Christian Grey» annunciò su Twitter. Era il miglior compromesso sotto tutti i punti di vista: Charlie aveva esperienza – e dunque la produzione poteva contare sulle sue capacità – ma non essendo ancora una star di primo piano poteva permettersi di correre rischi.

L'autrice del romanzo era davvero felice come dava a intendere?

Lo scrittore Bret Easton Ellis, dato per possibile sceneggiatore del film, twittò che in realtà la James tifava per Pattinson. Dopotutto, almeno all'inizio, aveva modellato Christian proprio su di lui. «Io e E L James eravamo a casa di Rob Pattinson e lei ci ha confidato che era Rob la sua prima scelta per il ruolo di Christian» postò sul social network. «Ian Somerhalder non lo aveva mai preso in considerazione. E nemmeno Matt Bomer.

Quando mi ha chiesto chi avrei voluto io, le ho risposto: “James Dean, ovviamente”. Lei mi ha zittito con uno spintone. Eravamo entrambi ubriachi fradici.»

Come accade sempre su Twitter, il commento di Easton Ellis scatenò una ridda di interventi delle varie celebrità schierate in sostegno di Charlie Hunnam. «È l’attore più volenteroso e umile con cui abbia mai lavorato; sarà un magnifico Christian Grey» fu la replica del protagonista di *True Blood*, Robert Kazinsky. «Le mie congratulazioni a Charlie Hunnam per la parte di Grey nel film *Cinquanta sfumature*. La competizione è stata dura, ma ha vinto il concorrente con la chioma più lunga» commentò Rainn Wilson, interprete di *The Office*. «Mi hanno soffiato la parte in *Cinquanta sfumature*, quindi sparirò dalla circolazione per un po’» dichiarò Lena Dunham, la star di *Girls*; scherzava, naturalmente: ve la immaginate a contendere il ruolo di Grey a Hunnam?

In definitiva l’ingaggio sembrava aver accontentato tutti. Anche Charlie si disse entusiasta e impaziente di lavorare al fianco di Dakota Johnson, figlia d’arte di Don Johnson e Melanie Griffith, scritturata come Anastasia Steele. «Appena l’ho incontrata al provino, ho capito che era la co-protagonista perfetta: l’alchimia tra noi era palpabile» ammise Hunnam nel corso di un’intervista concessa all’«Hollywood Reporter». «Si è subito creato un clima di eccitazione, divertimento, mistero e trepidazione.»

La blogosfera, però, non era d’accordo. Nessuno dei due aveva il fisico giusto per il proprio personaggio, sosteneva il popolo di internet. Alcuni arrivarono addirittura a lanciare una petizione su *change.org* per imporne la sostituzione. L’evento in sé non era poi così insolito: la scelta del cast per i film di primo piano suscita sempre reazioni forti, come le clamorose proteste del romanziere Ian Fleming alla scelta di Sean Connery per il suo James Bond. In tempi più recenti, lo stesso Robert Pattinson era stato oggetto di plateali contestazioni da parte dei fan alla notizia del suo ingaggio come Edward Cullen. Per sedare la polemica era dovuta intervenire Stephenie Meyer in persona, che aveva dato a Robert la propria benedizione riconoscendolo come il suo candidato ideale. La controversia, dunque, per quanto un po' offensiva, non aveva stupito nessuno, e comunque una buona fetta di ammiratori era convinta che, pur non combaciando alla perfezione con Grey così com'era descritto nel libro, Hunnam avesse carisma e sex appeal più che sufficienti a compensare la scarsa somiglianza. Persino la sua fidanzata, Morgana McNelis, finì coinvolta nella disputa. Su *hollywoodlife.com*, Charlie aveva ammesso che per lei non sarebbe stato facile: «A causa del mio mestiere, Morgana deve spesso condividere con il pubblico aspetti di me che preferirebbe tenere privati. Per questo ruolo nello specifico, poi, il problema è decuplicato. Però la trilogia le è piaciuta moltissimo ed è felice delle grandi opportunità che questo ingaggio può offrire alla mia carriera. Sono certo che questo progetto non ci dividerà, anzi ci renderà più uniti». Lui, quantomeno, dimostrava di averlo preso parecchio sul serio.

Tuttavia nell'ottobre del 2013, per ragioni mai del tutto chiarite, Hunnam annunciò di aver rinunciato alla parte. La fabbrica dei *rumors* ingranò la quinta: aveva litigato con la regista? Non gli era piaciuto il copione? O forse si era sentito schiacciato dalle pressioni e temeva di deludere le aspettative? Lui stesso dimostrò buon senso decidendo di tacere sull'argomento, e anche quando ruppe il riserbo – in occasione dell'annuale gala *Hogs for Heart* per la raccolta fondi in favore dei programmi *One Heart Source* per la scolarizzazione in Africa – non gettò molta luce sul mistero. «Sto bene» assicurò ai reporter. «Sono solo molto concentrato sul lavoro. È un periodo denso di impegni.»

La Universal Pictures diramò un comunicato stampa pubblicato dall'«Hollywood Reporter»: «Di comune accordo con l'attore, la produzione di *Cinquanta sfumature di Grigio* ha deciso di sostituire Charlie Hunnam nel ruolo di Christian Grey, poiché il suo fitto calendario di impegni televisivi non gli avrebbe lasciato il tempo di prepararsi alla parte in modo adeguato». Una dichiarazione piuttosto evasiva. Nessuno sembrava sapere di preciso cosa fosse andato storto.

Il maggio precedente era morto il padre di Hunnam e qualcuno avanzò l'ipotesi che potesse essere stato quel lutto, cui si andava ad aggiungere la registrazione degli ultimi episodi della stagione di *Sons of Anarchy*, a motivare il suo dietrofront. «È stato un periodo difficile per la mia famiglia ed è dura in situazioni simili riuscire a mantenere la concentrazione, lavorare come si deve, trovare il tempo da dedicare a me stesso e conservare un atteggiamento positivo» annunciò Hunnam a *E! News*. «Come ho già ripetuto, devo occuparmi di alcune questioni personali. Quindi, appena chiuso il set della serie, andrò in Inghilterra per stare con i miei familiari, dopodiché ho in programma un film con Guillermo [del Toro]. Finito quello, mi dedicherò alle stagioni conclusive di *Sons*.» Non volle aggiungere altro, anche se ripresero a circolare voci sul suo timore di diventare bersaglio dell'isteria delle fan, come era capitato a Robert Pattinson. Il quale, una volta, aveva addirittura rischiato la sua incolumità a causa dell'eccessivo entusiasmo delle ammiratrici che, nella calca, lo avevano quasi spinto sotto un taxi. Hunnam era già un volto piuttosto noto e un attore di successo, ma il ruolo di Christian Grey avrebbe portato la sua celebrità a ben altre vette. Non tutti aspirano a diventare star planetarie. «[Due] fonti affermano che Hunnam si è tirato indietro per paura e che i suoi impegni televisivi non c'entrano niente con la decisione» twittò Matt Belloni, direttore esecutivo dell'«Hollywood Reporter».

Una fonte anonima dichiarò alla rivista «People»: «Ha rinunciato al progetto perché non vuole diventare prigioniero di un unico ruolo e per non attirarsi addosso il tipo di attenzioni che oggi circonda Robert Pattinson, il che sarebbe inevitabile interpretando il personaggio principale in un film del genere».

Secondo altri, invece, a preoccuparlo davvero era un precedente di quasi vent'anni prima. Nel 1995, Paul Verhoeven aveva diretto *Showgirls*, la storia di una ragazza ingenua diventata, da spogliarellista, showgirl di successo in una squallida Las Vegas. La pellicola era talmente pessima da rappresentare il paradigma di tutto ciò che "non va" fatto in un film (sebbene le vada riconosciuta un'ottima resa sul mercato degli home video, dove a suo modo si è imposta come film culto). La protagonista era una tale Elizabeth Berkley, idolo delle adolescenti tra la fine degli anni Ottanta e l'inizio dei Novanta per aver vestito i panni di Jessie Spano nella serie televisiva *Bayside School*. *Showgirls* non era certo destinato a un pubblico di teenager, dunque la parte avrebbe dovuto permetterle di liberarsi della maschera di eterna ragazzina e imporsi come attrice adulta. Invece fu un fiasco tale da portare la sua carriera a una battuta d'arresto. Elizabeth lavora ancora nel cinema, ma non ha mai più raggiunto i livelli cui sembrava destinata, e tutto per colpa di quel ruolo sciagurato.

Stando ad alcuni era questo il timore di Hunnam. Una fonte spiegava a *hollywoodlife.com* che «[Charlie] ha abbandonato il cast per paura che si riveli un altro *Showgirls*. Non vuole passare alla storia come il protagonista di un flop totale».

Per la verità, il rischio era infimo. La regista ingaggiata per *Cinquanta sfumature* era l'acclamata Sam Taylor-Johnson, del tutto diversa dallo scandaloso Verhoeven, e non certo il tipo da permettere a una propria opera di coprirsi di ridicolo.

Si fecero largo nuove congetture. Forse a spaventare Charlie era stata la natura controversa del ruolo. Oppure c'erano in gioco altri fattori. «Non era quella la direzione che voleva far prendere alla sua carriera» dichiarò una fonte interna citata da *E! News*. «Il progetto di *Cinquanta sfumature* aveva attirato troppa pubblicità, sottoponendolo a pressioni molto forti. Lui detesta trovarsi al centro dell'attenzione e la parte di Grey lo avrebbe costretto a innumerevoli apparizioni mediatiche. A Charlie quella celebrità non interessa minimamente.»

Se il suo obiettivo non era diventare famoso, è evidente che quel film non facesse proprio per lui. E L James accolse la notizia con filosofia. «Gli auguro tutto il meglio» si limitò a dire.

Insomma, le ricerche erano tornate al punto di partenza. La caccia era ripresa con una nuova raffica di nomi e la riproposizione di alcuni candidati già citati in precedenza: Alexander Skarsgård di *True Blood*, Christian Cooke di *Romeo e Giulietta*, Theo James di *Divergent* e Alex Pettyfer di *Sono il Numero Quattro*. È stato a quel punto che la campagna via Twitter per sponsorizzare Matt Bomer è entrata davvero nel vivo. I fan non hanno usato mezzi termini per supportare l'ingaggio del loro beniamino. Ecco alcuni dei messaggi postati (con tanto di strafalcioni grammaticali): «Fantastica notizia: Charlie Hunnam non sarà Christian Grey! PRENDETE MATT BOMER!!!»; «Vi prego, date il ruolo di Christian Grey a Matt Bomer!»; «RISPONDETE SE VOLETE MATT BOMER NEL RUOLO DI CHRISTIAN GREY»; «Volio [sic!] Matt Bomer per Christian Grey»; «Se solo avrebbero [sic!] dato retta a internet e scelto Matt Bomer fin dal principio...»; «MATT BOMER, VI SCONGIURO! È nato per *Sfumature*!!!»; «Non potreste scegliere Matt Bomer per Christian Grey?»; «È lui il mio candidato ideale per Christian Grey» e così via. Online si potevano compilare anche dei questionari a scelta multipla: chi volevano i fan, Ian, Matt o Alex?

I potenti di Hollywood, però, rimasero sordi a ogni appello; persino nell'era dell'egalitarismo, quando tanta parte della nostra vita è dettata dal volere del popolo di Twitter, lasciare una decisione simile nelle mani dei fan era troppo rischioso; il progetto era delicato e alla produzione serviva un attore che bucasse lo schermo. «Nella scelta di un protagonista non conta solo l'aspetto fisico» aveva dichiarato nel settembre precedente, sullo stesso social network, il produttore, Dana Brunetti. «Bisogna valutarne il talento, la disponibilità, l'interesse per il ruolo, l'alchimia con il resto del cast e una quantità di altri elementi. Se la scelta non è caduta sul vostro attore preferito, è probabile che dipenda da uno di questi fattori. Tenetelo a mente quando vi infuriate, e conservate il senso delle proporzioni.» L'intervento lasciava trapelare una punta di esasperazione. Era comprensibile. Prima dell'avvento di Twitter, Hollywood era abituata a selezionare liberamente i propri attori, senza interferenze o commenti da parte del pubblico.

Anche il partito pro-Pattinson tornò a farsi sentire, questa volta senza menzionare più il rischio che restasse prigioniero a vita del medesimo ruolo. Al contrario, l'attore sosteneva che accettare di interpretare Christian gli avrebbe permesso di liberarsi del fantasma di Edward. Dopotutto, con i suoi conflitti interiori e il vizietto del bondage e del sadomaso, Grey si collocava all'estremo opposto rispetto all'eroe di *Twilight*, il vampiro più casto e morigerato della storia. Pattinson però non si lasciò convincere. Qualcuno ha affermato che a suo tempo si fosse candidato lui stesso al ruolo, salvo vederselo soffiare da Hunnam: tutte chiacchiere. In realtà, Robert non si era mai considerato adatto a interpretare il signor Grey, e forse aveva ragione. Poi, dopo la separazione da Kristen, aveva bisogno di una svolta. «Robert non cambierà idea in merito a questo progetto» rivelò una fonte a *hollywoodlife.com*. «Non vuole vincolarsi a una trilogia, a un'altra serie con più episodi.» (Oltre a *Twilight*, Pattinson era anche comparso in *Harry Potter*, nei panni di Cedric Diggory, il prefetto della casa Tassorosso di Hogwarts.) «Vuole che la sua carriera vada in tutt'altra direzione. Per giunta, la produzione non lo ha mai considerato come candidato numero uno. Non c'è speranza: Rob non farà questo film.»

A quel punto saltò fuori un altro nome, quello di Jamie Dornan, un modello e attore inglese. Fonti bene informate lo davano per favorito. Di certo aveva l'aspetto giusto, e da molti punti di vista soddisfaceva gli stessi criteri di Hunnam: era un interprete affidabile, ma non troppo conosciuto. Oltre a essersi dimostrato straordinariamente fotogenico in una quantità di campagne pubblicitarie, Dornan aveva anche cominciato a farsi una reputazione come attore promettente. Che la produzione avesse individuato finalmente il suo Christian Grey?

Nella scelta del protagonista, un giudizio importante spettava a Dakota. Era essenziale che tra l'eroe e l'eroina della storia scoccasse la scintilla giusta, e poiché la parte di Anastasia era toccata a lei, l'attrice si impegnò di persona nella selezione del suo comprimario, collaborando con la produzione al processo decisionale. «[Dakota] è una perfetta Anastasia Steele» sostenne Michael De Luca, uno dei produttori, a *E! News*. «La miglior collaboratrice che un produttore possa sognare. Ci sta aiutando a vagliare i vari candidati, in cerca dell'accoppiata con l'alchimia più forte.»

Per quanto strano possa sembrare, il caso non era senza precedenti. Si era verificata la stessa cosa anche nel casting di *Twilight*. Kristen Stewart era stata scritturata per il ruolo di Bella Swan ben prima che la produzione individuasse il suo Edward, e anche la regista Catherine Hardwicke pretendeva una coppia capace di far faville. Così Kristen poté dire la sua nella scelta del compagno. Quando fu proposto il nome di Robert Pattinson, la decisione non era affatto scontata. La soluzione di Catherine fu di dedicare un certo periodo a riprendere i due potenziali protagonisti da soli, senza il resto del cast e della troupe, per dare loro l'occasione di verificare la propria intesa. Il risultato è entrato nella storia del cinema: la chimica tra Kristen e Robert era così travolgente che i due sono diventati una coppia anche nella vita reale. Perché dunque non adottare lo stesso sistema anche per *Cinquanta sfumature*?

Con l'avanzare dell'autunno e il proseguire delle manovre dietro le quinte, sembrava sempre più probabile che i produttori avessero finalmente identificato il Christian Grey ideale. Quantomeno la rivista «Hollywood Reporter» ne era certa. Nell'ottobre del 2013 annunciò che Jamie era stato scritturato. Azzeccandoci in pieno. Il 23 ottobre, «Variety» pubblicò in via ufficiale la notizia che tutti aspettavano: «Jamie Dornan, attore originario dell'Irlanda del Nord, è stato scelto per sostituire Charlie Hunnam nel ruolo di Christian Grey nell'adattamento cinematografico di *Cinquanta sfumature di Grigio* prodotto da Universal e Focus. Il progetto aveva subito un duro colpo quando, appena un mese dopo la firma del contratto, Hunnam aveva rinunciato all'ingaggio. La Universal aveva giustificato l'abbandono adducendo le sovrapposizioni nel calendario di lavorazione di *Sons of Anarchy* e dell'imminente film *Crimson Peak*, ma fonti bene informate sostengono che la decisione sia stata dovuta almeno in parte a una disputa su alcuni cambiamenti nel copione e ai dubbi che l'attore stesso nutriva in merito al personaggio. Con la sua uscita di scena, Universal e Focus hanno deciso di estendere le ricerche e venerdì scorso hanno convocato Dornan e Billy Magnussen per un provino con la Johnson. La produzione aveva in programma di esaminare anche altri interpreti, ma le stesse fonti affermano che in seguito, e fino a mercoledì mattina, non sono state tenute ulteriori audizioni». «Variety» enfatizzava anche l'esperienza passata di Jamie come modello di biancheria intima, un precedente che poteva rivelarsi utile, «date le numerose scene di sesso previste dal copione».

A quel punto, almeno per quanto possibile nel clima febbrile di Hollywood, si poté tirare un sospiro di sollievo. I due protagonisti avevano un volto, non restava che scegliere il resto del cast.

La coppia funzionava. L'alchimia con Dakota era stata testata. «Dakota e Charlie avevano un'ottima intesa, ma tra lei e Jamie è mille volte meglio. Jamie "è" Christian» ha dichiarato qualcuno a *hollywoodlife.com*. «Siamo tutti molto, molto felici della scelta.» Compresa la Johnson, che aveva contribuito di persona. «Dakota si è dimostrata davvero disponibile e collaborativa» proseguiva la fonte. «Ha toccato la situazione con mano, per così dire. Il suo provino con Jamie è stato strepitoso.»

La notizia era ottima per tutti gli interessati, ma al tempo stesso innalzava le aspettative. La lavorazione non era ancora cominciata e la pressione era già alle stelle. Anche numerose celebrità espressero su Twitter il proprio benestare. Elizabeth Banks: «Ho una cotta per Jamie Dornan da dieci anni!». Lena Dunham: «Sono una fan sfegatata di Jamie Dornan. In *The Fall* non ho potuto innamorarmi di lui perché interpretava un killer maniaco sessuale. *Cinquanta sfumature di Grigio* sarà la mia grande occasione!». E ancora: «Ehi, un momento: non è che anche Christian Grey è un killer, vero?». Josh Dallas: «Jamie Dornan è senza dubbio il mio Grey ideale. Cinquanta sfumature di Dornan». Crystal

Hefner: «Sottoscrivete se siete entusiasti della scelta di Dornan come protagonista di *Cinquanta sfumature*. Io non vedo l'ora!». Chad Johnson: «Peccato che Christian Grey sia un bianco, ma per quella parte mi sarei fatto sbiancare volentieri». Bret Easton Ellis (che continuava a seguire con molta attenzione l'evolversi del progetto): «Jamie Dornan è perfetto per il ruolo di Christian Grey. È stato il casting più lungimirante degli ultimi anni».

Anche i fan della trilogia sembravano soddisfatti, pur mostrando maggiore moderazione. A livello generale ritenevano che Jamie fosse più adatto di Charlie, ma parecchi sentirono comunque il bisogno di puntualizzare che avrebbero preferito Matt Bomer. L'attore, però, non era mai stato davvero in lizza. Dopo la rinuncia di Hunnam, gli unici veri candidati erano stati Dornan e Alexander Skarsgård.

Intanto il popolo di internet si era scatenato a mettere a confronto Jamie e Charlie, valutandone i rispettivi meriti e demeriti. Su decine di siti spuntavano foto dei due, a petto nudo. Non si poteva certo negare che fossero entrambi molto prestanti, ma ormai l'attenzione cominciò a convergere sul primo.

Tuttavia, proprio quando il mondo iniziava ad abituarsi all'idea di Jamie nei panni di Mr Grey, ecco riaccendersi i *rumors*. Si vociferava che in realtà lui fosse già stato interpellato quando Charlie era ancora sotto contratto, ipotesi che mostrava la situazione sotto una luce completamente diversa. Pareva che anche altri attori avessero fatto un provino, tra cui Billy Magnussen e François Arnaud. Qualcuno sosteneva che il compenso offerto a Charlie fosse stato insoddisfacente, e lontanissimo dai milioni di un normale cachet per un ruolo di protagonista. Si venne anche a sapere che un nuovo sceneggiatore, Patrick Marber, era stato incaricato di rivedere il copione, e la notizia acuì i sospetti sulla qualità della prima stesura.

Al di là dei pettegolezzi, l'annuncio dell'ingaggio di Jamie Dornan ha impresso vigore al progetto, scatenando una nuova ondata di entusiasmo per uno dei film più attesi del decennio. A mano a mano che le sue foto in slip dilagavano in rete, il consenso è diventato universale: nessuno poteva più dubitare che avesse il fisico ideale per la parte.

L'enorme pubblicità che lo circondava ha alimentato anche la curiosità sulla sua vita privata. Finora di lui si sapeva soltanto che era nato in Irlanda del Nord, che aveva già lavorato come attore, che era l'ex di Keira Knightley e che in biancheria intima faceva un figurone. Ma tantissime cose di lui restavano ignote, arcane quasi, proprio come Christian Grey. Sarebbe riuscito a bucare lo schermo dando forma ai tormenti interiori che dilaniavano il suo personaggio? Chi era esattamente quest'uomo capace di battere uno stuolo di giovani e sexy star hollywoodiane, aggiudicandosi un ruolo destinato a lanciarlo nel firmamento internazionale?

2
Baby Jamie

Era il 1° maggio del 1982 e nella contea di Down, in Irlanda del Nord, James C. Dornan, per tutti Jim, e sua moglie Lorna erano fuori di sé dalla gioia. La donna aveva appena dato alla luce il loro terzogenito, battezzato anche lui con il nome di James e, come suo padre, chiamato da subito con un vezzeggiativo: Jamie. Jim Dornan era ostetrico e ginecologo, ma i costumi del tempo non gli avevano permesso di assistere alla nascita delle due figlie maggiori, Liesa e Jessica. I medici lo avevano letteralmente scacciato dalla sala parto. «Mi ero sentito male, vedendo mia moglie Lorna soffrire tanto per le doglie» confidò a «Irish News». In ogni caso, tutti e tre i parti si erano svolti senza intoppi, e ora la futura star di *Cinquanta sfumature* dormiva tranquilla nella culla, con indosso il suo pannolino e circondata da ammiratori. La culla e il pannolino sarebbero spariti, lo stuolo di fan no.

Jamie apparteneva a una famiglia illustre. Il padre era conosciuto in Irlanda del Nord per essere uno dei luminari più rispettati nel suo campo, primario di medicina prenatale al Royal Maternity Hospital e presidente dell'associazione Tiny Life. Il professor Dornan diventò vicerettore del Royal College of Obstetricians and Gynaecologists, gli fu assegnata una cattedra sia alla Queen's University di Belfast sia alla University of Ulster e fu promotore di varie campagne internazionali per la tutela della salute femminile. I nonni paterni e quelli materni erano predicatori laici della chiesa metodista e il papà di Jamie era figlio unico. Nonno Jim era un brillante calciatore nel tempo libero e di professione faceva il contabile. Amministrava un istituto per disabili a Bangor, una realtà che esercitò una notevole influenza sull'infanzia del figlio.

Caso raro per l'epoca, Jim era nato con l'assistenza di un medico donna, la dottoressa Joy Darling, forse un primo presagio della sua vocazione professionale a vantaggio del mondo femminile. Nel corso della sua carriera, avrebbe assistito a innumerevoli parti – senz'altro nell'ordine delle migliaia – dedicandosi al benessere di gestanti e neonati. Anche la sua infanzia fu fuori dall'ordinario: Jim viveva all'interno dell'istituto in cui lavorava il padre – il cui complesso comprendeva un reparto per bambini, uno per uomini, una colonia estiva e vari laboratori – e frequentava le scuole elementari di Bangor. Era un bambino molto vivace, e vedere con i propri occhi le sofferenze e i problemi di tanti pazienti gli instillò un senso di empatia che avrebbe conservato per tutta la vita. Rifiutò un'offerta di ammissione al Trinity College di Dublino per iscriversi invece alla Queen's University di Belfast, dove si appassionò alla ginecologia («Il corso più entusiasmante seguito finora»). Per quanto amasse la medicina, in un primo momento non volle esercitarla, preferendo diventare un insegnante. All'epoca la mortalità infantile era ancora molto alta e

Jim temeva di passare buona parte della sua vita lavorativa a consolare madri in lutto. Fortunatamente i progressi raggiunti nel campo nel corso del tempo gli risparmiarono quel destino.

Per qualche ragione, Jim aveva sempre mostrato una grande empatia nei confronti del genere femminile e per questo, fin da adolescente, le ragazze non gli erano mai mancate. Ma quando incontrò Lorna, una giovane infermiera nonché futura madre di Jamie, decise di mettere la testa a posto; si sposarono e allargarono la famiglia, prima con le due femminucce, poi con il maschio. Fu un periodo molto felice.

Il piccolo Jamie aveva una passione per la lettura, che conserva tuttora, e un talento innato per lo sport. Cominciò a giocare a rugby a otto anni e a golf a undici. Amava gli animali e il suo sogno era diventare un ranger. Il destino gli avrebbe riservato un futuro ben diverso.

Crescendo in Irlanda del Nord, il ragazzo non poté sfuggire alle tensioni che tormentavano il suo paese, i cosiddetti *Troubles*, il durissimo scontro politico, spesso degenerato in violenza, tra cattolici e protestanti. Come tutti i suoi connazionali ne avvertì l'impatto. «In Irlanda del Nord abbiamo una comprensione particolare e istintiva di cosa significhi essere discriminati» dichiarò al «Daily Telegraph». «Sappiamo come ci si sente perché l'abbiamo sperimentato sulla nostra pelle. I veri responsabili delle violenze erano soltanto una piccola minoranza, ma la questione influenzò la vita di tutti.» Era cresciuto in una famiglia protestante nel periodo in cui i clamorosi attentati dell'IRA, la fazione cattolica, scuotevano l'Irlanda del Nord come il resto del Regno Unito. Quando lui se ne andò di casa, l'epoca dei *Troubles* era al tramonto, ma nessuno che l'avesse vissuta sarebbe mai riuscito a dimenticarla. Senza voler paragonare tragedie di portata storica con il passato fittizio di Christian Grey, di fatto sia all'attore sia al personaggio sono toccate esperienze traumatiche durante l'infanzia. E a Jamie anche in seguito.

Da bambino, comunque, la sua esistenza era piena di divertimenti. Il teatro, per esempio, era una passione di famiglia. Come abbiamo già detto, sia i nonni paterni sia quelli materni erano predicatori laici. Forse non avrebbero apprezzato di essere paragonati a degli attori, ma è pur vero che una vocazione simile richiede una certa dose di presenza scenica e la capacità di conquistare il pubblico. Suo padre Jim era un attore dilettante ma talentuoso e da giovane, per un breve periodo, pensò addirittura di farne una professione. Senza contare che in famiglia c'era anche una vera e propria star: Greer Garson, attrice celeberrima ai suoi tempi e acclamatissima per il ruolo eponimo nella *Signora Miniver*, film del 1942, era la prozia di Jamie. Pur non avendola conosciuta di persona, il ragazzo la ammirava moltissimo. Una volta le scrisse perfino una lettera, che tuttavia Greer non ebbe mai occasione di leggere: appena due giorni dopo averla spedita, infatti, il nipote apprese dalla radio l'annuncio della sua morte.

Insomma, Jamie aveva la recitazione nel sangue, ma non ci si dedicò da subito. Preferiva gli sport e coltivava ancora il sogno di diventare ranger quando andò al "Methody", il Methodist College nel sud di Belfast. Il programma didattico si concentrava soprattutto sulle materie accademiche, ma l'istituto godeva anche di un'ottima reputazione per la musica e gli sport, in particolare rugby, hockey e canottaggio, e vantava un'alta percentuale di diplomati ammessi a Oxford e Cambridge. Tra i suoi ex alunni più illustri si contano Chris Barrie, famoso per la serie *Red Dwarf*, la presentatrice televisiva Caron Keating e i rugbisti Craig Gilroy e Paddy Jackson, oltre a vari politici, premi Nobel, poeti, scrittori e diplomatici.

L'obiettivo della scuola era preparare i bambini alle professioni convenzionali, non certo a quelle di attore e fotomodello, e nello studio Jamie se la cavava bene. Grazie alla radicata tradizione teatrale della scuola, cominciò inoltre a manifestare la sua inclinazione naturale per il palcoscenico, un primo segno della strada che avrebbe imboccato in futuro. «Era molto modesto» disse la vicepreside Norma Gallagher a «Radio Times». «La recitazione era una delle materie in cui andava meglio. Ricordo una sua ottima interpretazione nella parte del lattaio nel musical *Blood Brothers* e nel ruolo di Baby Face in un allestimento di *Bugsy Malone*.» Prendeva molto sul serio quelle rappresentazioni e presto cominciò ad apparire in vari teatri irlandesi, comparendo perfino nel *Giardino dei ciliegi* di Čechov.

Malgrado la costante minaccia dei *Troubles*, Jamie conduceva una vita felice e privilegiata. Diversamente da alcuni suoi coetanei, non soffriva le privazioni dei figli della classe operaia: in un certo senso era nato e vissuto nella bambagia, abitando in un bel quartiere residenziale e godendo di tutti i comfort che si potessero desiderare. Eppure, cosa sarebbe diventato da adulto restava nel regno dell'imponderabile. Continuò a dilettarsi con il teatro, sempre a livello amatoriale, e a dedicarsi allo sport, affinando le sue doti atletiche grazie alle opportunità offerte dalla scuola. L'abitudine agli allenamenti contribuì senz'altro a plasmare quel fisico destinato a tornargli molto utile in futuro. La sua passione era il rugby: giocava da ala ed era capace di coprire cento metri in 11,1 secondi. L'amore per lo sport non lo ha abbandonato neanche da adulto, sebbene egli stesso ammetta di non essere mai stato un assiduo frequentatore delle palestre e che, almeno quando era più giovane, si rimpinzava di porcherie. Evidentemente la formazione atletica lo ha dotato di un metabolismo veloce.

Al Methody, Jamie cominciò anche a scoprire le ragazze. Diede il suo primo bacio intorno ai dodici o tredici anni, come ha confidato lui stesso alla rivista «Fabulous»: «Una situazione classica, dietro il parcheggio delle biciclette della scuola, con una ragazza di cui nemmeno ricordo il nome».

Eppure quel ragazzino solare e sereno dovette affrontare, già in tenera età, una serie di eventi tragici che gettarono sulla sua vita un velo di tristezza che traspare ancora oggi, di tanto in tanto. Il primo risale ai suoi sedici anni, quando alla madre fu diagnosticato un cancro al pancreas. Lorna morì di lì a poco, gettando la famiglia in un profondo lutto. Anni dopo, quando gli fu chiesto come fossero riusciti a superare la sua scomparsa, il padre di Jamie rispose che da principio non ci erano riusciti affatto. La sua morte improvvisa era stata uno shock per tutti. «Non c'è modo di prepararsi a un evento del genere» ammise in un'intervista concessa al presentatore della televisione irlandese Eamonn Mallie. «Ci lasciò completamente e assolutamente devastati. In un modo o nell'altro, però, ne siamo venuti fuori.» Anche Jamie torna spesso a parlare di quella perdita prematura. Restare orfano di madre è una delle cose più terribili che possano accadere a un ragazzo così giovane, di fatto ancora un bambino.

Ma non era finita: quattordici mesi dopo, quattro dei suoi amici più cari morirono in uno spaventoso incidente stradale, un dolore dal quale impiegò anni a riprendersi e che rievoca spesso nelle sue interviste. Fu un trauma terribile che, unito a quello della morte della madre, dovette dargli l'impressione che gli eventi drammatici lo avrebbero seguito per tutta la sua esistenza. «Il periodo tra i sedici e i diciassette anni è stato orrendo per me» rivelò al «London Evening Standard». «Ne sono uscito solo grazie all'analisi. Altrimenti non credo che ce l'avrei fatta. È brutto a dirsi, ma magari è un bene essere costretti ad affrontare dolori così grandi tanto presto, perché ti prepara alle insidie della vita. O forse non si è mai preparati a certe cose. Ti capitano e basta.»

Jamie aveva perso la madre e gli amici: la sua visione del mondo era cambiata, la sua vita scossa dalle fondamenta. Probabilmente l'analisi lo aiutò a dare un senso a quelle tragedie, ma niente poteva cancellare la realtà dei fatti. A dispetto del dolore, però, doveva andare avanti; doveva riprendere a frequentare la scuola, terminare gli studi e decidere del proprio futuro. Tutta la famiglia doveva rimettersi in carreggiata. Con il tempo finirono per rassegnarsi e poco alla volta ritrovarono una sorta di normalità.

Un altro cambiamento era all'orizzonte ma, almeno in questo caso, si trattava di un evento positivo. Jim incontrò Samina Mahsud, la collega che avrebbe sposato nel 2002. Specialista in medicina prenatale presso la sede regionale del Royal Maternity Hospital, a Belfast, Samina aveva vent'anni meno del futuro marito e apparteneva a un'etnia diversa, eppure né la differenza d'età né quelle culturali crearono mai problemi. A quel tempo – era il 1998 – Samina lavorava come specializzanda per un amico dei Dornan, il quale, conoscendo bene entrambi, intuì che la giovane potesse rivelarsi la donna giusta per il vedovo.

«Indovinò da subito che ci saremmo piaciuti» avrebbe detto in seguito Jim a Eamonn Mallie. «Così la incoraggiò ad assistere a una mia conferenza a Dublino, durante un convegno delle quattro province irlandesi. Lei si presentò e devo ammettere che per me fu amore a prima vista. Oltre a essere bellissima, Samina è anche molto spiritosa e ha un vivace senso dell'umorismo: fu quello a farmi innamorare di lei.» Un autentico colpo di fulmine. Per vederla, il medico si sobbarcava otto ore di macchina da Belfast a Limerick, anche se diventarono ufficialmente una coppia soltanto un anno dopo.

A quel punto, arrivò il momento di conoscerne i genitori, un'occasione sempre delicata e in quel caso ancora di più, date le differenze di età e di background culturale. La famiglia della dottoressa viveva nel Waziristan, una regione montuosa tra il Pakistan nordoccidentale e l'Afghanistan orientale. Jim aveva già visitato il paese in passato, e il futuro suocero aveva studiato alla University of Southampton, dunque non era nuovo ai costumi occidentali. Per facilitare l'incontro, la coppia inventò una scusa: Samina disse al padre che un suo "amico" aveva in programma un viaggio in Pakistan per acquistare mobili e gli chiese di andare a prenderlo in aeroporto. A dispetto di tante cautele, l'uomo indovinò subito la vera natura del rapporto tra la figlia e il ginecologo e non si scandalizzò affatto della loro differenza di età. Anzi, consigliò a Jim di trovarsi una donna persino più giovane. A sua volta personaggio illustre – per vent'anni direttore dell'azienda elettrica e delle forniture idriche in Pakistan –, il signor Mahsud sapeva riconoscere un proprio pari quando ne incontrava uno, così le due famiglie trovarono subito un'intesa perfetta, forse anche grazie al fatto che il padre di Samina era stato allevato da suore irlandesi. Per ironia della sorte, sia lui sia Jim avrebbero in seguito contratto la leucemia. Il professor Dornan sopravvisse, il suocero no.

La coppia era felice, i rispettivi parenti andavano d'accordo, ma per Jamie fu comunque un periodo difficile. Aveva perso la madre e, sebbene Samina non pretendesse certo di sostituirla, il suo arrivo in famiglia non poteva non essere problematico. Jim fece del suo meglio per tenerne conto. «Sono sempre stato fiero di Jamie» dichiarò a IrishCentral quando il figlio cominciò a farsi un nome. «Sono orgoglioso di come ha reagito alla perdita della madre, alla morte dei suoi amici in quell'incidente stradale, del modo in cui oggi affronta le sfide che gli si presentano e del suo atteggiamento nei confronti della mia nuova compagna e moglie. È un ragazzo molto forte, con la testa sulle spalle e uno splendido carattere. Non lo dico soltanto perché sono di parte. È in assoluto una delle persone migliori che conosca.»

Samina avrebbe esercitato una straordinaria influenza sul figliastro, ma al momento la questione più impellente era un'altra: conseguito il diploma, il giovane

Dornan doveva decidere cosa fare del proprio futuro. Per formazione ed estrazione, l'università era uno sbocco automatico (Jamie aveva già accettato qualche incarico come modello, ma non pensava ancora di farne una carriera). Agli esami aveva ottenuto ottimi voti in lettere antiche, letteratura inglese e storia dell'arte, ma la sua scelta cadde sulla Teesside University e sull'indirizzo di marketing. Prima dell'inizio dell'anno accademico lavorò part-time nel call center di una compagnia elettrica e del gas («Un'esperienza orribile. Resistetti appena una settimana»), poi come autista di auto di seconda mano per una casa d'aste («Altro disastro. Mi licenziai la sera stessa»). Non vedeva l'ora di riprendere a studiare.

La Teesside University si trova nel Middlesbrough, nell'Inghilterra nordorientale, e all'epoca era una new entry nel mondo accademico, riconosciuta ufficialmente nel 1992. Nata come istituto tecnico, ne aveva conservato l'atmosfera accogliente e offriva alle matricole alloggi indipendenti. Avendo sempre vissuto in Irlanda, l'università diede a Jamie l'opportunità non soltanto di sperimentare la vita studentesca, ma anche di trasferirsi in un altro paese.

Fin dal principio, fu evidente che era destinato a un futuro fuori dall'ordinario. Innanzitutto, giocava da ala per i Belfast Harlequins, e ammesso che avesse progetti per il futuro, di certo riguardavano il rugby, non il mestiere di modello o attore. Per la verità, lo sport lo appassionava più dello studio, e non impiegò molto a capire che iscriversi alla Teesside era stato un errore. «Avevo frequentato solo nove ore di lezione, e furono nove ore di troppo. Ai corsi non capivo un tubo.» Così, dopo appena un assaggio delle gioie della vita accademica, abbandonò quel mondo per dedicarsi allo sport. «Non facevo altro che bere e giocare a rugby» confessò a «ShortList Mode». «In classe non mettevo neanche piede. Se pure mi fossi laureato, non credo che avrei lasciato il segno nel campo del marketing.»

Jamie, però, aveva altri assi nella manica. Crescendo, stava diventando un ragazzo davvero bello – d'altra parte anche suo padre incarnava lo stereotipo del medico fascinoso – e la cosa cominciava a essere evidente anche fuori dalla cerchia familiare. Così, quando le capitò sott'occhio la pubblicità di una nuova trasmissione di Channel 4, *Model Behavior*, sua sorella Liesa gli suggerì di presentarsi per un provino. Lui ne fu incuriosito e ci andò insieme a un amico, passando la prima selezione. «Sul palco c'erano cinque candidati per ciascuna città. Io appartenevo al quintetto di Belfast, non proprio una concorrenza agguerrita» raccontò sempre a «ShortList Mode». «Dopodiché, la produzione ci trasferì a Londra. L'idea del programma era di farci vivere insieme; erano previste varie eliminazioni. Io finii fuori gioco dopo due giorni.»

Negli anni seguenti, il giovane Dornan ha parlato di quell'esperienza con leggerezza, ma in realtà era ben consapevole di quanto la partecipazione alla trasmissione avesse cambiato la sua vita. «A essere sincero, mi ero presentato quasi controvoglia» ha dichiarato una volta al «Sunday Times». «All'epoca non c'era qualcosa che volessi fare davvero. Non mi interessava il mondo della moda; giocavo molto a rugby e in quell'ambiente la professione di indossatore non è certo vista di buon occhio. Così convinsi un amico ad accompagnarmi al provino, lui accettò ma fu respinto alla prima selezione. Da quel punto in avanti mi ritrovai solo, ma in un modo o nell'altro riuscii comunque a cavarmela.»

Non arrivò in finale, ma il programma gli aveva comunque offerto una vetrina importante. Parecchie agenzie lo notarono e gli suggerirono di mettersi in contatto con il fotografo delle celebrità, Bruce Weber. «Bruce mi trattò benissimo. Fu lui a trovarmi i primi ingaggi» ha poi detto al «Daily Mail». L'apparizione televisiva gli permise anche di sperimentare, seppure in minima parte, la vita sotto i riflettori.

Lui forse non lo immaginava, ma aveva appena mosso i primi passi della sua carriera. Anche se, da molti punti di vista, aver scelto quella strada contrastava con la sua indole. Oggi, dopo anni alla ribalta, ci ha fatto l'abitudine, ma da ragazzo era timidissimo e ignaro dell'effetto che esercitava sulle donne. «Non è che rimorchiassi poi tanto» ha rivelato al «Daily Mail». «Il fisico esile mi faceva sembrare più giovane della mia età, quindi finivo sempre per essere bollato come "carino". Una cosa che detestavo.» In realtà, la corporatura relativamente minuta gioca a suo vantaggio – come accade per le donne, l'obiettivo "ingrassa" – e sebbene Jamie sia più basso della media dei suoi colleghi, come Kate Moss, con cui avrebbe in seguito lavorato e alla quale viene spesso paragonato, di fatto ha una statura di tutto rispetto. È snello, ma non si potrebbe certo definirlo gracile, e per contrastare l'effetto "carino" ha deciso di farsi crescere la barba.

Non aveva ancora preso in considerazione la possibilità di intraprendere la strada di attore, ma stava riflettendo seriamente su un'eventuale carriera nella musica.

Nel 2002, insieme al suo migliore amico ed ex compagno di scuola, David Alexander, formò un duo, i Sons of Jim (perché entrambi avevano il padre che si chiamava così). In seguito avrebbe liquidato quegli esperimenti musicali come dilettanteschi, ma anche se non sfondarono, i Sons of Jim si fecero comunque onore, per esempio suonando come gruppo di supporto della cantante KT Tunstall. Il loro stile era un misto accattivante di pop e folk e i due ispiravano simpatia: chiamarono la loro etichetta Doorstop Records, dal nome di un negozio di panini a Belfast.

Con il passare del tempo, Jamie si sarebbe convinto di non essere davvero portato per la musica, e oggi afferma che lui e il suo socio erano troppo giovani, ingenui e impreparati. Resta innegabile, tuttavia, che il mondo dello spettacolo, o quantomeno l'istinto di esibirsi, gli stava entrando nelle vene. I tour e alcune apparizioni televisive valsero ai Sons of Jim una certa fama, non però il decollo vero e proprio. Per Dornan l'esperienza fu comunque proficua, permettendogli di familiarizzare ulteriormente con i set televisivi e l'esposizione mediatica. Si sarebbero rivelate tutte lezioni preziose per lui. A dispetto della modestia con cui ne avrebbe parlato negli anni a venire, il gruppo restò in circolazione piuttosto a lungo. Lui e David continuarono a suonare e a organizzare concerti anche dopo il trasferimento di Jamie a Londra e l'avvio della sua carriera di modello.

All'epoca era ancora convinto di diventare uno sportivo professionista ma, parafrasando le celebri parole di John Lennon, la vita è ciò che accade quando tu sei distratto a fare progetti. Né lo sport né la musica stavano girando per il verso giusto, mentre l'apparizione a

Model Behavior aveva attirato l'attenzione di alcune persone sul suo potenziale. Il primo contatto con Bruce Weber aveva dimostrato che Jamie aveva le carte in regola per diventare un modello molto quotato e la prima a rendersene conto fu Samina, nel frattempo diventata seconda moglie di suo padre. Per riuscirci, però, Jamie doveva andarsene da Belfast. Aveva già lasciato il suo paese quando si era trasferito in Inghilterra per frequentare l'università, ma in quel caso si era trattato di una sistemazione temporanea, visto che tornava comunque a casa per le vacanze. Questa volta, invece, bisognava dare un taglio netto e lasciarsi alle spalle il mondo che conosceva. Beninteso, ormai era un uomo e poteva affrontare da adulto anche la vita nella grande città, ma aveva sempre vissuto in Irlanda del Nord, salvo per la breve parentesi universitaria. Il cambiamento sarebbe stato radicale.

Dopo l'arrivo a Londra, Jamie incontrò non pochi ostacoli. All'inizio, infatti, come ha riferito lui stesso in un'intervista concessa ormai agli albori del successo, si trovava malissimo e la fortuna impiegò parecchio a volgere in suo favore. «Da adolescente avevo fatto qualche esperienza di teatro, ma pensavo di intraprendere una carriera nello sport» ha raccontato al quotidiano «The Scotsman». «Poi però il tempo passa, e per quanto ci si sforzi di fare programmi e pianificare il futuro, in realtà le cose succedono e basta. Da giovane mio padre amava molto recitare, mia zia è appassionata di teatro dilettantistico in Irlanda del Nord e la mia prozia era l'attrice Greer Garson, che detiene a tutt'oggi il record per il discorso di ringraziamento più lungo nella storia degli Oscar, un primato di cui vado molto fiero.

Insomma, in un modo o nell'altro la mia famiglia ha sempre avuto a che fare con il mondo dello spettacolo. Dopo il diploma, a mio padre offrirono un posto alla RADA – la Royal Academy of Dramatic Art –, ma lui non accettò. Si laureò in medicina ed ebbe grandi soddisfazioni come medico, eppure una piccola parte di lui ha sempre rimpianto di non aver intrapreso la carriera di attore. Credo sia anche per questo che è eccitato quanto me per ciò che sto facendo: in un certo senso, è un po' come se vedesse realizzate in me le ambizioni a cui ha rinunciato.»

Dopo le sofferenze dell'adolescenza finalmente la vita cominciava a sorridergli: aveva trovato il successo, la serenità e, a distanza di qualche tempo, anche l'amore.

3
Il “Torso d’oro”

Come milioni di altri prima di lui, Jamie decise di trasferirsi a Londra in cerca di fama e di fortuna. La carriera musicale proseguiva sottotono, sullo sfondo, e il progetto di diventare un atleta professionista era sfumato, sostituito dal sogno di recitare. Nemmeno su quel fronte, però, stava accadendo granché. Una delle sue poche certezze, in quel momento, era il desiderio di impegnarsi seriamente nella carriera di modello. Ma partì con il piede sbagliato.

La capitale sa essere spietata e per il giovane Dornan non fu facile ambientarsi. Trovò un appartamento in affitto in una casa popolare a Hackney, nella parte orientale di Londra, un quartiere abbastanza alla moda ma anche piuttosto malfamato. Jamie era al verde e per un breve periodo condusse una vita durissima, lavorando in un pub per mantenersi e faticando ad arrivare a fine mese. Non era un’esistenza confortevole, la sua – a un certo punto si trovò a condividere un bagno con dodici persone –, e senza dubbio lontanissima dagli agi cui era abituato da piccolo. «Non potevo permettermi di comprare nemmeno le cose più banali. Non avevo abbastanza soldi per un bollitore con cui prepararmi il tè, così lasciavo scorrere l'acqua calda del rubinetto finché diventava bollente» ha confidato al giornalista J.P. Watson in un'intervista pubblicata sul suo blog *jpwatson.co.uk*. Tantomeno poteva acquistare un televisore decente; si accontentava di uno ancora in bianco e nero. Non proprio una vita da star. Fece un viaggio a Milano, nella speranza di procurarsi qualche ingaggio nelle sfilate, ma non ebbe fortuna. I suoi unici incarichi erano servizi fotografici per linee di abbigliamento non firmate e destinati ai cataloghi delle vendite per corrispondenza.

La sua esistenza londinese proseguì in questo modo per sei infelicissimi mesi, fin quando ricevette la visita di suo padre. Abituato alla villa di famiglia nel quartiere residenziale di Belfast, Jim restò scandalizzato dalla sistemazione del figlio, soprattutto quando chiese di guardare la partita di rugby in televisione. «L'immagine sullo schermo andava e veniva» ha raccontato il ragazzo. «Per un po' mio padre restò in silenzio, con la sua tazza di tè preparato con l'acqua del rubinetto, davanti alla partita in bianco e nero, ma alla fine sbottò: "Figliolo, non puoi vivere in questo modo!". Così, grazie al suo aiuto e alla sua insistenza, riuscii a uscire da quella situazione.»

Era la spinta di cui Jamie aveva bisogno. Cominciò a presentarsi più spesso alle selezioni e, prima lentamente, poi sempre più in fretta, a ottenere ingaggi con nomi importanti del settore. Nel 2002 fu notato dall'agenzia Select, e presto si trovò a comparire su riviste del calibro di «GQ» e «Attitude».

La campagna più famosa di quegli anni fu quella per Calvin Klein, nel 2004, in cui posò insieme a Eva Mendes, e che gli guadagnò il soprannome di "Torso d'oro". Lui lo accolse con una certa perplessità. «Che significa? Si riferisce al colore della pelle? Immagino sia da prendere come un complimento, o almeno lo spero» disse al «Daily Telegraph», spiegando che sul set era «sempre circondato da uno stuolo di truccatori che continuavano a spalmarmi strati e strati di olio abbronzante scurissimo. Da vero irlandese, ho la carnagione molto pallida».

Il servizio fotografico per Calvin Klein gli diede grande notorietà, e il brand lo riconfermò più volte come suo testimonial. La campagna del 2006, in particolare, suscitò un certo clamore perché Kate Moss, sua partner negli scatti, posava senza reggiseno. Ancora una volta, Jamie fu definito l'omologo maschile di Kate. Il paragone è in effetti azzeccato: entrambi si distinguono dalla massa per la loro bellezza non convenzionale.

Le più grandi *griffes* del settore, tra cui anche Dior e Armani, cominciarono a fare la fila per averlo. Fu una pubblicità per il marchio Asprey, girata a Manhattan nel 2003, a segnare il suo incontro con Keira Knightley, ex bambina prodigio impostasi all'attenzione del mondo con il film *Sognando Beckham*. I due diventarono presto una coppia, pur mantenendo per qualche tempo segreta la relazione, e lei lo presentò al suo agente, un contatto che si sarebbe rivelato fondamentale per il debutto di Jamie come attore. L'inizio della loro storia d'amore, però, fu oscurato da un'ombra: la notizia (in seguito smentita) secondo cui l'ex di Keira, l'attore Del Synnott, aveva cercato di suicidarsi con un'overdose dopo la loro separazione. Girò anche voce che, per riprendersi dallo shock, lei avesse imposto a Jamie un periodo di pausa dalla loro relazione. In ogni caso, presto i due furono rivisti insieme.

Per il modello era il primo assaggio della vita da celebrità. Keira era già una diva e a New York, dove si trovava per un servizio fotografico, «People» lo contattò per chiedergli conferma della loro *liaison*. «Per la verità non ho il permesso di parlarne» rispose lui. «La mia agenzia mi ha avvertito che devo passare a loro tutte le telefonate di questo tipo. Non sono autorizzato a rilasciare dichiarazioni ai giornalisti. Mi dispiace, ma non posso proprio.»

Intanto la sua carriera si arricchiva di firme sempre più prestigiose: Hugo Boss, Nicole Farhi, Massimo Dutti, Gap. Si sa che nel mondo della moda è raro che gli indossatori, e questo vale soprattutto per gli uomini, siano conosciuti con il loro nome, ma di certo il suo volto era ben noto al pubblico. Campeggiava ovunque su copertine e cartelloni. Bastava aprire una rivista ed eccolo lì, con la sua espressione pensierosa e lo sguardo serio che avrebbe costituito il suo marchio di fabbrica.

E a Belfast cosa ne pensavano? «Non era precisamente ciò che mio padre sognava per me» ha rivelato lui stesso a J.P. Watson. «Molti suoi amici giudicano imbarazzante farsi fotografare per soldi. Quanto ai miei ex compagni di rugby, immagino che lo considerino un mestiere da checche.»

A dispetto dei pregiudizi altrui, Jamie si stava dimostrando davvero bravo nel suo lavoro, imparava ad assumere le espressioni e le pose giuste e si avviava a diventare il modello più pagato del mondo. Lo irritava molto essere considerato soltanto un indossatore di intimo, vista la quantità di altri servizi che si era aggiudicato e in cui appariva vestito dalla testa ai piedi. Aspirava ancora a debuttare come attore, ma quantomeno fare il modello si era rivelato un mestiere molto redditizio. Così adottò un atteggiamento pragmatico: avrebbe continuato a guardarsi intorno in cerca della sua occasione ma, finché non fosse arrivata, avrebbe accettato gli incarichi che gli venivano offerti. Era la realizzazione del suo sogno professionale? Certamente no. Ma almeno gli permetteva di mantenersi.

«Non ho mai provato particolare soddisfazione a mettermi in posa per i fotografi» ha dichiarato al «London Evening Standard» qualche anno dopo il suo esordio nel mondo del cinema. «Non lo trovo emozionante. Detto ciò, sarei stato un vero idiota a rifiutare i lavori che mi offrivano. Insomma, hai vent'anni e ti coprono di soldi per appoggiare una spalla al muro, mettere il broncio e guardare l'obiettivo dal basso verso l'alto. Cazzo, chi non accetterebbe?» E infatti accettò. I giorni in cui non poteva comprarsi un bollitore erano ormai diventati un lontano ricordo.

Avrebbe potuto montarsi la testa, ma non accadde. Lo stretto legame con la famiglia lo teneva con i piedi ben piantati per terra; la sua modestia innata e l'atteggiamento autoironico, poi, erano l'arma di difesa ideale in un mondo in cui contano soltanto le apparenze, al punto che alcuni finiscono per convincersi di essere davvero come li vedono gli altri. Jamie era diverso; non solo non dava retta a chi lo definiva l'uomo più bello del mondo, ma non si riteneva nemmeno particolarmente avvenente. «Non mi piace il mio fisico» ha confessato in un'occasione alla rivista «Interview». «D'altra parte, conosci qualcuno che si piaccia? Da piccolo ero magrolino e ai miei occhi sono rimasto lo stesso ragazzino di allora.» Tuttavia era l'unico a pensarla così. Ormai era un modello richiestissimo e già ai nastri di partenza per il suo prossimo traguardo: stava diventando famoso ben oltre i confini del mondo della moda. Il pubblico cominciava a riconoscerlo. Era sulla giusta strada.

La meta, però, era ancora lontana, e le sue dichiarazioni tradivano una certa dose di insicurezza che avrebbe influito anche sulla sua vita privata. Nel 2003 la relazione con Keira diventò di dominio pubblico, attirandogli attenzioni sempre maggiori. Nata il 26 marzo del 1985, e dunque più giovane di lui di un paio d'anni, la ragazza era cresciuta nel mondo dello spettacolo. Figlia dell'attore Will Knightley e dell'attrice e sceneggiatrice Sharman Macdonald, aveva cominciato a recitare da bambina, debuttando nel 1995 e ottenendo nel '99 una parte in *Star Wars. Episodio I – La minaccia fantasma*, nel ruolo di Sabé. Nel periodo della sua *liaison* con Jamie, era assurta a celebrità planetaria grazie all'enorme successo dei *Pirati dei Caraibi*, in cui interpretava Elizabeth Swann, compagna del capitano Jack Sparrow-Johnny Depp. E il loro amore non fu immune dalle conseguenze del caso.

Per la prima volta, il giovane Dornan sperimentava la vita sotto i riflettori, sia pure da co-protagonista, e l'esperienza non lo entusiasmò affatto. La fidanzata era una star e i paparazzi la pedinavano ovunque andasse. Il pubblico voleva sapere ogni particolare della sua vita, qualunque cosa facesse o dicesse, e l'attenzione di cui era circondata scandalizzò il suo nuovo compagno. «Stare con Keira mi ha mostrato il volto marcio di quel mondo» avrebbe confidato anni dopo al «Daily Telegraph». «Era solo una ragazzina e appena usciva di casa veniva tallonata dai fotografi: chi potrebbe desiderare un'esistenza simile?»

In un'altra occasione, disse allo «Standard»: «È un ambiente strano in cui vivere, sei continuamente osservato e spiato. È un'esperienza orribile. Quanto ai paparazzi, sono degli idioti. Li disprezzo con tutto me stesso. Possibile che non riescano a trovarsi un mestiere più decente che restarsene in agguato dietro un cespuglio a sbirciare con l'obiettivo della macchina fotografica una diciottenne in casa propria? Quello non è un lavoro, è roba da guardoni e pervertiti. Magari da adulto è più facile sopportare di essere sempre al centro dell'attenzione mediatica, ma in ogni caso è un problema che non mi riguarda. Dubito di diventare mai famoso quanto Keira».

Quando è stato scritturato per il ruolo di protagonista nel film più in vista del decennio, gli amici hanno cominciato a preoccuparsi di come avrebbe gestito l'enorme pubblicità scatenata da un progetto simile. È molto probabile che diventi vittima dei paparazzi quanto e più di Keira, e alcuni temono il modo in cui possa reagire alle tensioni della celebrità.

A quei tempi, comunque, la questione era la crescente popolarità della fidanzata. Nel 2004, i lettori della rivista «Empire» elessero la Knightley l'attrice più sexy in assoluto. Dei due, era lei l'ottimo partito, e fece il possibile per circondare la relazione del massimo riserbo: malgrado in più occasioni fossero già stati fotografati insieme, alla prima di *King Arthur* si presentò da sola sul *red carpet*, mentre il modello entrava al braccio della madre di lei. Si tennero a distanza anche al ricevimento seguito alla proiezione, almeno finché l'attrice non ebbe alzato un po' il gomito.

«Lei e Jamie hanno passato quasi tutta la serata per conto proprio, finché Keira gli ha confidato di aver esagerato con lo champagne e di non riuscire più a reggersi in piedi» riferì un altro ospite al «Daily Express». «A quel punto si sono appartati su un divano e lui le ha appoggiato la testa sulle spalle. Non c'era niente di strano: lei era un po' brilla, aveva comunque già fatto il giro degli ospiti, ricevuto e ricambiato le congratulazioni del caso e si è concessa un momento di privacy con il suo ragazzo. Rideva, ripetendo di essere brilla, ma in realtà scherzava. Keira non è tipo da perdere il controllo a una première di tale risalto, per di più organizzata in suo onore. Proprio per evitare di lasciarsi andare in pubblico, se n'è andata poco dopo, insieme a Jamie e a sua madre, uscendo con discrezione dalla porta di servizio.»

Il ragazzo doveva anche fare i conti con i pettegolezzi che accompagnano inevitabilmente le relazioni con le star di prima grandezza: i costanti (e falsi) annunci della loro separazione, le chiacchiere sul flirt dell'attrice con il suo ultimo co-protagonista, Adrien Brody, la notizia che avevano litigato, che si erano riconciliati, e così via.

Solo un rapporto davvero saldo può sostenere pressioni simili e, pur mettendocela tutta, Jamie e Keira erano molto giovani, entrambi alle prime armi e impegnati in un'industria che impone tensioni fortissime. Legami ben più rodati hanno dovuto soccombere sotto il peso di simili pressioni. Quanto alla voce del flirt con Adrien Brody, era bastato che lui e l'attrice uscissero di tanto in tanto a bere qualcosa durante la lavorazione di *The Jacket* a Glasgow per scatenare titoloni del tipo: *L'ex appeal di Keira*. Non erano cose facili da sopportare. D'altra parte, erano un'ottima palestra di vita per il momento in cui anche Jamie si sarebbe trovato al centro della scena.

Comunque, con il proseguire del loro rapporto, Jamie e Keira cominciarono a presentarsi in pubblico da veri fidanzati, presenziando a prime e inaugurazioni, belli ed elegantissimi, oppure coperti di fango ad applaudire e fischiare con il resto della folla al festival di Glastonbury. Per lui, quello era il primo rapporto serio. Erano entrambi innamorati persi e cercavano di vedersi il più spesso possibile – impresa non sempre facile, visti i rispettivi calendari fitti di impegni –, ed erano senz'altro una delle coppie più belle in circolazione. Sarebbe durata? Avrebbero deciso di sposarsi?

Nel 2004, quando uscì *King Arthur*, film in cui la Knightley interpretava il ruolo di una bellicosa Ginevra, Jamie si trasferì a vivere nell'appartamento di lei a Mayfair, nel centro di Londra. Avevano rispettivamente ventidue e diciannove anni, e a quel punto fu la stessa ragazza a rivelare al mondo la relazione. «Jamie è fantastico, sono pazza di lui» disse al «Sunday Mirror». «È merito suo se riesco a non perdere la ragione nei momenti più stressanti; insieme stiamo davvero benissimo.» E il matrimonio?, le chiese il giornalista. «Sono troppo giovane» si affrettò a rispondere lei. «Forse in futuro, ma al momento non penso a mettere su famiglia.» I fotografi li sorpresero spesso in effusioni; l'attrazione tra loro era innegabile. Possibile che stesse per andare tutto a rotoli?

Be', non ancora. Amici dell'attrice confermarono che

«idolatrava» il suo fidanzato, e i due furono fotografati mentre compravano mobili per la loro casa. Poi, però, Keira scatenò una nuova ondata di congetture, dichiarando: «Non so se sono innamorata» e facendo apprezzamenti sul fascino di George Clooney. Dopodiché, in un'intervista al «Daily Record», definì Clive Owen, sua co-star in *King Arthur*, un «baciatore ideale, fantastico! La scena ha richiesto parecchi ciak, e posso garantirvi che è bravissimo». Erano affermazioni fatte ad arte per distogliere l'attenzione dalla sua vita privata ma, invece di attenuare la curiosità del pubblico, suscitarono l'effetto contrario. Di Jamie disse: «È magnifico, molto dolce e sexy. Insieme ci divertiamo tantissimo, ma di lui non mi va di parlare. Vi basti sapere che siamo felici». Che lei ne parlasse o meno, in realtà, non faceva differenza: il resto del mondo sembrava non interessarsi ad altro.

Com'era prevedibile, gran parte delle chiacchiere riguardava l'ipotesi di un matrimonio imminente. Il «Daily Mirror» annunciò che i due erano stati avvistati davanti alle vetrine delle gioiellerie, in cerca di anelli di fidanzamento. «Qualche giorno fa si sono soffermati a guardare i diamanti esposti in una vetrina di Bond Street» dichiarava una fonte. «Keira sembra aver già scelto qualcosa di molto speciale e ha detto agli amici che vorrebbe sposarsi il prima possibile. I due sono stati anche da un gioielliere di Harrods, ma gli hanno fatto giurare di mantenere il massimo riserbo e non parlarne con nessuno. Pare proprio che si stiano preparando al fidanzamento ufficiale, oppure l'evento è già accaduto e sono riusciti a non far trapelare la notizia.» Paradossalmente, il medesimo articolo riferiva di vari momenti di grave crisi della coppia. Era impossibile prevedere il seguito.

A volte il circo mediatico degenerava in farsa. In occasione di una festa per *King Arthur* organizzata alla Guildhall di Londra, la Knightley indossò una parure di gioielli prestata da Asprey, per un valore di 250.000 sterline. Ma nella calca di fan e invitati, gli agenti della sicurezza non riuscivano a starle abbastanza vicini da garantire che nessuno cercasse di rubarli. Di conseguenza, a mezzanotte la spogliarono di tutti i gioielli, suscitando inevitabili paragoni con Cenerentola. «Per la verità, mi hanno spaventata a morte: a mezzanotte mi sono saltati addosso e mi hanno tolto collana e braccialetto» raccontò l'attrice al «Daily Express». «Mi sono sentita come una Cenerentola tramutata in zucca al dodicesimo rintocco. Però è stato un sollievo liberarmene, temevo davvero che qualcuno me li strappasse dal collo.» Jamie, naturalmente, era presente e assistette da vicino all'assurdo episodio.

L'interesse di cui era circondata Keira era tale da far spesso dimenticare che non si trattava di una veterana diva di Hollywood, ma di una ragazza di appena diciannove anni. Era assurta a star internazionale all'improvviso e aveva dovuto imparare a gestirne le conseguenze, in particolare la difficoltà di proteggere la propria vita privata dall'inesauribile curiosità del pubblico: impresa titanica per chiunque, figurarsi per una come lei che sperimentava per la prima volta entrambe le cose, la celebrità e una relazione seria. «Non ho mai smesso di lavorare, quindi non ho avuto il tempo di prendere le distanze e valutare il tutto con la giusta calma» ammise al «Daily Telegraph». «Com'è naturale, la mia vita è cambiata molto. Persino prendere un autobus sta diventando un problema, ma troverò una soluzione. È strano venire fermata per strada da persone che ti conoscono ma che a te sono completamente estranee. Non mi lamento, beninteso. È solo un'esperienza nuova, singolare.» Per la verità, Keira non avrebbe avuto molte occasioni di prendere autobus, in futuro. Riusciva comunque a mantenere i piedi per terra, ma non c'era alcun dubbio che la sua vita aveva subito una rivoluzione.

Inevitabilmente, questo condizionava anche Jamie. La sua carriera procedeva piuttosto bene – alla grande, a essere sinceri – ma lo straordinario glamour di entrambi risultava centuplicato dal fatto che fossero fidanzati. Come esemplificato alla perfezione dal duo Victoria-David Beckham, una coppia può essere molto più della somma delle sue parti, e se una star di primo piano suscita interesse di per sé, due star insieme ne suscitano infinitamente di più. Jamie non era ancora un divo di quel calibro, ma Keira sì, e ormai era evidente che anche lui avesse imboccato la stessa strada.

I giornali li definivano la «prossima coppia dorata», esacerbando le tensioni interne al loro rapporto. «Per attirare l'attenzione delle riviste di gossip, a una celebrità serve un fidanzato» sentenziò Kirsty Mouatt, redattrice di «New!». «Grazie al legame con Keira, a Jamie saranno offerte molte più opportunità, e il mio pronostico è che saranno loro la prossima supercoppia dello *showbiz*.» Era questa l'insinuazione più offensiva: l'idea che Jamie sfruttasse il legame con l'attrice per trarne vantaggi professionali.

Ecco un altro problema con cui dovevano fare i conti: il fatto di non trovarsi sullo stesso livello. Lui aveva conquistato un successo enorme come modello, ma il suo nome non era noto; quello della ragazza, invece, risuonava ai quattro angoli del mondo. Pur essendo l'indossatore più pagato del settore, non poteva certo vantare compensi pari a quelli della compagna, e quel divario cominciava a pesare. Peggio ancora, i giornali tornarono spesso a ripetere che lei lo aveva presentato al proprio agente e che si stava prodigando per procurargli una parte in un film, altra illazione che Jamie dovette prendere malissimo. Era già abbastanza umiliante non essere anch'egli una star, ma instillare il sospetto che, se mai ci fosse arrivato, sarebbe stato soltanto per merito di Keira era davvero troppo. Persino gli uomini più equilibrati possono trovare difficile vivere all'ombra della propria compagna, e per Jamie il problema era duplice: non era al suo livello né per celebrità né per ricchezza. Temporaneamente, comunque, riuscì a gestire la situazione.

Con l'aumentare della fama, però, l'attrice di *King Arthur* diventò evasiva riguardo alla propria dimensione privata. A un reporter che le chiedeva notizie della sua vita sentimentale, rispose: «Non ho nessuno di cui voglia parlare. Non vi farò il nome di nessuno finché non lo avrò sposato. Sono troppo giovane per i rapporti seri, e il mio mestiere li rende ancora più complicati». In realtà aveva menzionato Jamie più di una volta, e a nessuno piace essere tenuto in un angolo. Tutti questi aspetti pesavano sulla possibilità di un futuro insieme: il giovane Dornan non poteva fare altro che stringere i denti e sopportare, ma più Keira si lasciava trascinare dal turbine mediatico, più riuscirci diventava difficile.

I *rumors*, intanto, continuavano. Un articolo riportò che, durante la lavorazione di *King Arthur*, l'interprete di Ginevra si fosse innamorata dell'Irlanda e stesse cercando casa a Dublino, il che avrebbe permesso alla coppia di essere più vicina alla famiglia di Jamie in Irlanda del Nord. Si vociferò inoltre che avesse passato il Natale del 2004 a casa Dornan, a Belfast. All'inizio del nuovo anno, poi, partì per i Caraibi per cominciare le riprese della serie dei *Pirati*; Jamie andò a trovarla e i due furono sorpresi in effusioni in varie località esotiche. Il loro rapporto sembrava ancora saldo, ma l'ansia di trovarsi sempre sotto gli occhi di tutti iniziava a incrinarlo. Di punto in bianco, in un'intervista concessa al «Sunday Times», Keira si rifiutò di parlare del fidanzato. «Al momento i miei affetti si limitano ai miei genitori. Alla mia età sarebbe ridicolo pensare di instaurare rapporti sentimentali seri. Finché non avrò un marito e un paio di marmocchi, non intendo nemmeno accennare ad alcun progetto di matrimonio.» Come al solito, l'intervista era con lei, non con il suo fidanzato. Chissà se Jamie avrebbe risposto alla stessa maniera sul conto della sua famosissima fiamma. È impossibile saperlo, perché nessuno glielo chiese. Intanto, dietro le scene, la tensione cresceva.

Un amico offrì uno scorcio sulle loro difficoltà di coppia. «Keira è una persona molto riservata e ha deciso di non rilasciare più dichiarazioni sul conto di Jamie» riferì al «Mirror». «Ultimamente i giornali si sono occupati troppo della loro vita privata, per questo hanno deciso di adottare misure drastiche. Il modo migliore di zittire le congetture su un loro imminente matrimonio è che lei smetta di rispondere alle domande dei reporter su Jamie.»

A metà del 2005, fu Jamie a finire al centro dell'attenzione in seguito all'annuncio della sua partecipazione al film *Marie Antoinette* e del contratto firmato dai Sons of Jim con la Sony. «È un ruolo importante,» affermò un portavoce del suo agente al «Daily Express» «non una comparsata di pochi secondi. La lavorazione a Versailles è appena terminata e Jamie ha trovato l'esperienza molto gratificante. È un attore, ma anche un musicista, ed è la musica il suo interesse principale.» A quel punto l'intervistatore volle precisare che il ragazzo era noto in primo luogo come fidanzato di Keira e il portavoce rispose: «A me non sembra affatto».

Inutile precisare che Jamie fu entusiasta di avere finalmente la sua parte sotto i riflettori, ma come andavano le cose dietro le quinte? «Nel giro di un anno sarò celebre quanto lo è Keira adesso» pare avesse detto in privato. «In un rapporto, è meglio essere alla pari con la tua partner.» Era un segnale d'allarme, il sintomo che il divario nel loro status era davvero diventato un motivo di attrito. E ad aggravarlo arrivarono le voci di un suo flirt con la co-protagonista in *Marie Antoinette*, Kirsten Dunst.

Il cambiamento negli equilibri deve aver disorientato Keira: la star, tra i due, era sempre stata lei, e per quanto augurasse il successo al fidanzato, vederlo occupare un territorio prima esclusivamente suo non deve essere stato semplice. Presto o tardi, i nodi sarebbero venuti al pettine. Come in effetti accadde.

4
Fiabe di celluloide

Alla fine, successe l'inevitabile. Nell'agosto del 2005, Jamie e Keira si lasciarono. La separazione fu terribilmente traumatica per entrambi. Erano insieme da due anni e, nonostante la giovane età, il loro era stato un rapporto serio. Le pressioni, tuttavia, avevano superato la soglia di guardia. Non soltanto si trovavano a vivere ventiquattro ore su ventiquattro sotto una lente di ingrandimento, ma il lavoro di entrambi li costringeva a viaggi continui e improvvisi all'altro capo del mondo. E adesso, ad aggravare le tensioni, tra loro sembrava nata una punta di competizione. Era troppo.

«Keira è distrutta» riferì un amico al «Mirror». «Pensava fosse vero amore, ma non era destino. Hanno fatto il possibile per salvare la relazione, tutti e due, ma alla fine la situazione era diventata insostenibile. Ne hanno parlato a lungo, in cerca di una soluzione, ma non hanno potuto fare altro che separarsi. Quando Jamie ha dichiarato di voler ampliare i propri orizzonti professionali, aggiungendo la recitazione alla carriera di modello, lei gli ha offerto tutto il sostegno possibile. Gli ha fissato un appuntamento con i propri agenti ed è stata felicissima quando l'agenzia gli ha proposto un contratto. Ma se in teoria l'idea di essere colleghi sembrava romantica, nei fatti hanno finito per vedersi sempre meno. Keira è una delle attrici più richieste di Hollywood e il suo calendario lavorativo è davvero frenetico. Quando non è sul set preferisce evitare feste e mondanità e condurre una vita più appartata insieme ai suoi cari. Ora però che anche Jamie ce la sta mettendo tutta per sfondare nel cinema e ha ottenuto un contratto discografico non ha quasi più tempo da dedicarle. Una situazione simile metterebbe in crisi qualsiasi giovane coppia.» Per quanto "distrutta", però, Keira sembrava averla presa bene. «È già uscita un paio di volte a divertirsi e a bere con le amiche. È ancora depressa, ma distrarsi le ha sollevato molto il morale.»

Anche un portavoce del modello-attore confermò la separazione. «Keira e Jamie hanno deciso di concludere la loro relazione, ma rimangono legatissimi e sono determinati a continuare a frequentarsi come amici.»

All'epoca il giovane irlandese fu piuttosto sincero riguardo ai problemi della loro coppia, sebbene in seguito avrebbe rimpianto di averne parlato con tanta schiettezza. Saltò fuori che una delle maggiori cause di insoddisfazione, per lui, era il sentore di essere inferiore alla compagna. Parecchi uomini ne avrebbero sofferto e lui a un certo punto non riuscì più a fingere che la cosa non gli creasse alcun disagio. «Stare con una persona come Keira comporta tensioni enormi» disse in un'intervista all'edizione domenicale del «Mail» diversi mesi dopo, quando il polverone aveva cominciato a placarsi. «Finisci per sentirti messo in secondo piano. Non ero io a mantenere la famiglia, per così dire, e questo rischia di condizionare tutto. Sul fronte dei guadagni e del "potere", il ruolo "alfa" spetta al maschio, invece nella nostra relazione era evidente che non fosse così. La frustrazione per questo stato di cose ti spinge a competere per il predominio in altri ambiti, il che a sua volta crea nuovi conflitti. Keira se n'è accorta. Sarebbe stato meglio se le avessi nascosto ciò che provavo. È dura sforzarsi sempre di essere il maschio alfa.

«Alla fine, è stata lei a prendere la decisione e a dire "basta", ma credo che alla frattura abbiano contribuito molti fattori diversi. Per la verità, non sono sicuro di aver avuto piena consapevolezza dell'ascesa di Keira, e forse nemmeno lei. È una persona straordinaria, la più equilibrata che conosca. Io me la cavo abbastanza bene, anche se a volte ne soffro ancora. D'altra parte, poteva andarmi peggio...»

A distanza di anni, quando la sua carriera è decollata e il suo nome ha iniziato a diventare famoso, si è pentito di quelle esternazioni, forse temendo che le sue parole fossero sembrate ingenerose o avessero dato l'impressione che nutrisse rancore nei confronti di Keira. All'epoca, però, era quello il suo stato d'animo, e non avrebbe potuto esprimersi in altri termini.

La Knightley, invece, fu più riservata, come d'altronde lo era stata negli anni della loro relazione. «Abbiamo tutti bisogno d'amore nella nostra vita, ma al momento non sto pensando al matrimonio né a un lieto fine da fiaba. E credo che non ci penserò ancora per un bel pezzo» dichiarò al «Mirror». «In futuro, chissà. Sognare non costa niente.» Non si fece scrupolo, però, di parlare di ciò che cercava in un uomo. «Mi piacciono i tipi un po' ombrosi, gli uomini che hanno qualcosa da dire, con cui sia possibile avere un confronto e, perché no, farsi anche una bella litigata. Persone capaci di sorprendermi e farmi ridere. Ah, e devono portare scarpe eleganti, quello è un *must*.» Poco tempo dopo, lei e Jamie furono sorpresi insieme, ma il loro atteggiamento non lasciava dubbi sul fatto che la relazione fosse davvero archiviata. Girava voce che agli sgoccioli del loro rapporto non facessero altro che litigare. Erano proprio arrivati al capolinea.

In un'intervista concessa alla rivista «Now», Keira affrontò in modo più dettagliato le cause della separazione. «Chiudere non è mai facile, ma poco alla volta le cose erano cambiate. I legami, come ogni donna sa, sono complicati: non è mai tutto bianco o tutto nero, esistono svariate gradazioni di grigio. La nostra storia non si può riassumere in quattro righe, e lo stesso vale per qualsiasi amore. Immaginate di doverlo fare voi, vi accorgerete all'istante di quanto è difficile. Posso soltanto dire di essere felicissima che siamo rimasti in contatto. È raro mantenere buoni rapporti quando ci si separa, ma nel nostro caso è andata proprio così. Ho anche la fortuna di poter contare su molti amici veri, con i quali posso confidarmi.»

Era venuto il momento, si è soliti dire, di buttarsi il passato alle spalle, ma nei fatti Jamie e Keira non ci riuscirono, o comunque non subito. Avevano deciso di porre fine alla loro storia, ma erano fortemente determinati a tenere in piedi una sorta di amicizia, quindi furono spesso visti insieme: lei assistette a un concerto dei Sons of Jim e lui la aiutò con il trasloco. Erano davvero riusciti a restare in buoni rapporti, e a tutt'oggi bisogna riconoscere che nessuno dei due ha mai gettato fango sull'altro.

Quella per Jamie era stata la prima relazione seria, quindi la separazione, avvenuta nel 2005, lasciò il segno. Quando gli fu chiesto se aver affrontato la morte della madre gli avesse dato la forza di superare anche la rottura con la fidanzata, la risposta – come era prevedibile – fu negativa. «Quello per Keira è un lutto diverso. Perdere mia madre mi ha reso più forte, ma non per situazioni simili. È sempre dura non avere più accanto qualcuno di importante.»

A quel tempo era ancora nella sua fase musicale, quindi espresse ciò che provava scrivendo una canzone, *Only on the Outside*, i cui versi recitano: «*I Can See Your Fancy Friends Trying to Steal Your Innocence... You're so Weak around Them* [Vedo i tuoi amici cercare di rubarti l'innocenza... Sei così debole quando stai con loro]». E l'effetto continuò a farsi sentire per anni. «Mi si spezza il cuore ogni volta che la canto» avrebbe dichiarato a «OK! Magazine Australia». «Eravamo così innamorati.»

Come era accaduto già durante la relazione, anche dopo l'attenzione del pubblico si concentrò su Keira. Lei aveva un nuovo film in uscita, *Orgoglio e pregiudizio*, in cui interpretava il ruolo della protagonista, Lizzy Bennet, e a dispetto di tutto l'ex fidanzato intervenne alla prima londinese. All'epoca era determinato a imporsi nel mondo del cinema e, prima gradualmente, poi con sempre maggiore slancio, stava riuscendo nel suo intento. Cantava ancora, e i Sons of Jim lanciarono un nuovo pezzo, *Fairytale*, i cui versi parlavano di «occhi d'angelo» che «mi lasciano quando è il momento» e avanzavano il dubbio che «forse la felicità è solo una bella favola». Non è difficile indovinare chi li avesse ispirati.

«Per noi Keira era la ragazza di Jamie, non una star di Hollywood» ammise al «Daily Star» David Alexander, l'altro membro dei Sons of Jim. «Loro si sentono ancora spessissimo, e sono rimasti ottimi amici. Quanto al nostro gruppo, siamo stati paragonati a Simon & Garfunkel. Forse è soltanto perché siamo un duo, ma lo reputo comunque un grande complimento.» Magari un po' azzardato, ma effettivamente i Sons of Jim ce la stavano mettendo tutta per sfondare nell'industria discografica, e passavano un sacco di tempo nello studio di registrazione. Almeno servì a distrarre il cantante dalle sue pene d'amore.

Anche la carriera di modello di Jamie stava subendo un'ascesa ormai inarrestabile. Il "Torso d'oro" era visibile ovunque e nel 2006 fu ingaggiato dalla Creative Artists Agency di Los Angeles e inviato in ogni parte del mondo per altri servizi fotografici. Ciononostante, il ragazzo non perdeva la sua modestia. «A volte mi chiedo com'è possibile che stia accadendo proprio a me» confessò al «New York Times». «Non mi considero particolarmente bello.»

Gli altri sì, però. «In vent'anni di esperienza, ho incontrato forse altri quattro modelli con le caratteristiche di Jamie Dornan» dichiarava nello stesso articolo Jim Moore, direttore creativo di «GQ». «È come Kate Moss in versione maschile. Le sue proporzioni non saranno perfette, con il fisico sottile e la statura un po' inferiore alla media dei colleghi; ma il busto slanciato lo fa apparire più alto, e il suo atteggiamento rilassato sul set è senz'altro un valore aggiunto. Conosce il mestiere e, diversamente da molti altri nel settore, non si sforza, non è affettato. Si comporta in modo naturale.» La pensava allo stesso modo anche David Farber, style director per «Men's Vogue». Kate e Jamie erano comparsi insieme nella campagna per la linea jeans di Calvin Klein, entrambi a petto nudo, e secondo Farber si era trattato di «un accoppiamento molto efficace e la reazione del pubblico ha premiato la scelta. Jamie non è il tipico modello,» spiegò «lui si presenta in maniera spontanea e reale, niente a che vedere con i soliti ragazzetti magri e dall'aria sperduta che si trovano a ogni angolo di strada».

Il diretto interessato continuò a dichiararsi sconcertato. «Non so proprio perché abbiano scelto me come volto di Dior Homme. Alle selezioni eliminarono tutti, finché restammo in lizza soltanto in due. Io non ci puntavo più di tanto, non so se mi spiego, e non riesco ancora a capacitarmi che Hedi [Slimane, allora designer di Dior] abbia preferito me. In giro ci sono decine di ragazzi molto più belli. Credo che il motivo del mio successo sia che non mi prendo troppo sul serio.» In questo aveva senz'altro ragione. A differenza di alcune supermodelle, lui non era mai capriccioso sul set, anzi mostrava sempre una professionalità impeccabile. Non si dava arie e non trattava gli altri con sufficienza. Nemmeno adesso che stava accumulando una fortuna: si era comprato una casa e un appartamento a Londra, conquiste non da poco per un ventenne. Riscuoteva ammirazione non solo per il fisico scolpito: ormai era celebre anche per il "broncio alla Dornan", l'espressione seria che tipicamente assumeva nelle foto (e che, purché lo chiedessero con educazione, era ben disposto a esibire anche nei servizi delle interviste).

Il rapporto con Keira era finito e gli anni trascorsi con

lei gli avevano sì instillato una profonda diffidenza nei confronti dei paparazzi, ma gli avevano anche offerto uno scorcio dall'interno sulla vita di una star del cinema. Era l'esistenza che per diverso tempo aveva desiderato anche lui, e vederla a distanza tanto ravvicinata, eppure ancora fuori dalla sua portata, doveva aver acuito la sua frustrazione per non essere ancora riuscito a realizzare quel sogno. A questa si aggiungevano i preconcetti sui modelli che aspirano a una carriera cinematografica, molto diffusi nel Regno Unito diversamente che negli Stati Uniti, dove è ritenuto normale che un aspirante attore debba fare il possibile per guadagnarsi da vivere e farsi conoscere e non si dà per scontato che i modelli siano dei bellocci senza troppo cervello, capaci soltanto di mettersi in posa davanti a un obiettivo. Vengono riconosciuti loro gli stessi talenti di qualsiasi altro, con il valore aggiunto dell'avvenenza fisica.

Così, mentre proseguiva nella carriera di indossatore, con discrezione Jamie si presentò a decine, se non addirittura centinaia, di provini, senza tuttavia approdare a risultati degni di nota. Dato il diverso atteggiamento verso la categoria sulle due sponde dell'Atlantico, non sorprende che la sua prima vera occasione gli sia stata offerta negli Stati Uniti dove, nel 2006, si aggiudicò una parte nel già citato *Marie Antoinette*, diretto da Sofia Coppola.

«Per anni mi sono presentato alle audizioni senza ottenere alcun risultato degno di nota» ha riferito Jamie alla rivista «Interview». «Sono una schiappa ai provini. Esistono persone capaci di entrare nella sala con assoluta sicurezza, recitare le battute al meglio e farsi ingaggiare seduta stante. Io non ero una di queste; non lo sono ancora oggi. Anche dopo la mia prima apparizione sul grande schermo, grazie a Sofia, passai parecchio tempo senza altre scritture. Se vi siete mai chiesti perché alcuni attori finiscano per accettare film di merda, eccovi la risposta: devono pagare il mutuo, oppure sono disposti a interpretare qualsiasi parte, pur di lavorare.»

In ogni caso, era un inizio. Dopo essersi imposta con *Lost in Translation*, la figlia di Francis Ford Coppola aveva messo in cantiere un progetto ispirato alla vita di Maria Antonietta, la regina francese destinata alla ghigliottina. Nella pellicola, che ripercorreva la vicenda storica con notevole licenza poetica, Kirsten Dunst era la bellissima Maria Antonia Josepha Johanna d'Asburgo, quindicesima figlia dell'imperatrice Maria Teresa d'Austria (Marianne Faithfull). Nel 1768, la madre decide di darla in moglie al Delfino di Francia, il futuro Luigi XVI (Jason Schwartzman), per stringere un'alleanza tra i due regni. Obbedendo al volere materno, Maria Antonietta parte dunque per la Francia, dove incontra il re, Luigi XV (Rip Torn) e il futuro marito, Luigi Augusto. Le nozze vengono celebrate a Versailles, la reggia costruita dal nonno del re, dopodiché la corte si mette in trepidante – e vana – attesa di un erede al trono.

A Versailles la futura sovrana è infelice. Le origini straniere e la sua apparente sterilità la mettono in una posizione difficile. Circondata dai pettegolezzi, respinge in modo brusco alcuni costumi della corte, rifiutandosi senza mezzi termini di ricevere Jeanne Bécu, meglio nota come Madame du Barry (Asia Argento), la favorita ufficiale di Luigi XV. In aggiunta, i suoi tentativi di avere rapporti sessuali con il marito falliscono e la coppia non riesce dunque a concepire figli. La consorte di Luigi Augusto dedica quasi tutto il suo tempo ad accumulare scarpe, abiti e gioielli, a ingozzarsi di dolci raffinati e a giocare d'azzardo. Contagiato dal vaiolo, il re ordina alla du Barry di lasciare Versailles e muore. Maria Antonietta diventa regina di Francia.

In visita a corte, suo fratello Giuseppe II, l'imperatore del Sacro Romano Impero (interpretato da Danny Huston), le rimprovera le feste continue e critica le sue amicizie, ma lei ignora qualsiasi consiglio. A quel punto, Giuseppe incontra Luigi XVI e per spiegargli la "meccanica" dell'atto sessuale ricorre a uno dei passatempi preferiti del re, la fabbricazione di chiavistelli. Quella notte, la coppia reale riesce per la prima volta ad avere un rapporto completo, e il 19 dicembre del 1778 Maria Antonietta dà alla luce una figlia, la principessa Maria Teresa di Francia. Con la crescita della bambina, la regina trascorre sempre più tempo al Petit Trianon, un piccolo edificio nei giardini di Versailles, e intreccia una relazione con l'affascinante svedese Hans Axel von Fersen (Jamie, sbarbato per l'occasione e all'epoca ancora sconosciuto). Intanto la Francia sprofonda nel debito e, con l'aggravarsi della crisi, si susseguono carestie e tumulti. Ormai la regina ha perso la propria reputazione con i sudditi: le abitudini dispendiose e la presunta indifferenza alle sofferenze delle masse le meritano il soprannome di "Madame Déficit".

Pentita, la sovrana si ravvede, e il 22 ottobre del 1781, a pochi mesi dalla morte della madre, avvenuta il 29 novembre del 1780, dà alla luce un figlio maschio, Luigi Giuseppe, Delfino di Francia. Da quel momento in poi metterà in cantiere altri due figli: Luigi XVII, nato il 27 marzo del 1785, e la principessa Sofia, nata il

9 luglio del 1786 ma morta il 19 giugno del 1787, a meno di un anno di vita.

Allo scoppio della Rivoluzione, la famiglia reale decide incautamente di restare nella propria reggia, dove la folla farà irruzione per trascinarla a Parigi. La pellicola si chiude con i sovrani che lasciano Versailles per essere condotti al palazzo delle Tuileries e con le immagini della stanza da letto della regina devastata per mano dei parigini inferociti che hanno invaso la reggia.

Basato sulla biografia scritta da Antonia Fraser, il film traccia un ritratto di Maria Antonietta molto più indulgente del consueto «Se non hanno più pane, che mangino brioche!». Girato all'interno della reggia e nei giardini di Versailles, fu accolto da critiche contrastanti, ma oggi è considerato a pieno diritto un piccolo classico. «Lo abbiamo realizzato basando ogni dettaglio sulla documentazione storica, ma da una prospettiva molto contemporanea» dichiarò Sofia a *cinemareview.com*. «Volevo tenermi alla larga dai drammoni sul genere del teatro di posa che si vedono negli sceneggiati televisivi e al tempo stesso evitare i *tableaux* freddi e calligrafici tipici dei film storici e in costume. Per me contava soprattutto raccontare la vicenda a modo mio. Con *Lost in Translation* ho cercato di dare al pubblico l'impressione di aver appena trascorso due ore a Tokyo. Con questo, spero di far rivivere agli spettatori l'esperienza della Versailles di quegli anni, di sprofondarli in quel mondo.» Un mondo ricreato con dovizia di lussi e particolari, «magnifici fiori, dolci giganteschi, sete e nastri», per usare le parole della stessa Sofia.

Ad Antonia Fraser piacque moltissimo. «La resa è magnifica» commentò la storica a *cinemareview.com*. «L'ho trovato eccezionale, davvero. È proprio la magia del cinema che manca a uno storico. Io posso scrivere decine di pagine sulla bellezza di Versailles e sulla grazia di Maria Antonietta, ma niente è paragonabile all'esperienza di vederle con i nostri occhi sul grande schermo.»

Altri, invece, esternarono maggiore perplessità. Riferendo l'accoglienza del film al Festival di Cannes, Leah Rozen scrisse su «People»: «La gran parte dei critici ha commentato in modo molto negativo la totale assenza di contesto politico. *Marie Antoinette*, prova ben più frivola del precedente *Lost in Translation*, si propone come film storico ma si presenta come un video pop. Nei panni della sventurata regina francese del XVIII secolo, Kirsten Dunst si comporta come un'oca giuliva, al pari di un'adolescente odierna il cui unico pensiero sia diventare la più popolare della scuola».

Meno severo Roger Ebert, del «Chicago Sun-Times», che assegnò alla pellicola quattro stellette su quattro. «Se avesse seguito le direttive delle critiche lette finora, avrebbe perso il suo fragile incanto e ridotto la propria intensità romantica e tragica al livello di un documentario didattico. In questa terza prova di regia, Sofia Coppola si concentra sulla solitudine di una ragazza in un mondo capace di sfruttare le donne, ma non di capirle e rispettarle.»

Anche in Francia i giudizi furono contraddittori. Sul «Journal du Dimanche», Danielle Attali lodò il film come «un'autentica meraviglia, sbalorditivo per colori, sensazioni, emozioni e intelligenza». François Vey di «Le Parisien» lo trovò «divertente, vivace, impertinente... in una parola, iconoclastico» (era il giudizio prevalente, allora). Philippe Paumier, sull'edizione francese di «Rolling Stone», si espresse in questi termini: «Trasformato in santuario dei sensi, il microcosmo del potere diventa un dramma commovente di emozioni sperimentate per la prima volta, e Maria Antonietta il delicato ritratto di un'adolescente».

Jean-Luc Douin di «Le Monde» fu meno entusiasta, definendolo «kitsch e rococò», «ostentato negli anacronismi», «affidato solo ai sensi», «un sogno da Miss California [...] orchestrato intorno ai pettegolezzi da cortile della du Barry o di Madame de Polignac». (Forse non c'era da sorprendersi che alcuni critici francesi si risentissero di una rilettura americana della propria storia.) Alex Masson di «Score» dichiarò che la sceneggiatura cedeva il passo «a un servizio fotografico di "Vogue" dedicato a Versailles».

Anche gli storici contestarono le libertà che Sofia si era presa. Su «Le Figaro», Jean Tulard precisò che quella era una «Versailles in salsa Hollywood». «Abbaglia» con un assortimento di «parrucche, ventagli e pasticcini, una sinfonia di colori» allo scopo di mascherare «errori marchiani e deliberati anacronismi». Su *linternaute.com*, Évelyne Lever, esperta della vita della regina, sentenziò: «Maria Antonietta non passava il suo tempo degustando pasticcini e bevendo champagne! [...] Nella pellicola appare identica a quindici come a trentatré anni. I veri film storici, per esempio *Barry Lyndon* e *La pazzia di re Giorgio*, sembrano riusciti perché i loro registi si sono sprofondati nella cultura del periodo che intendevano evocare». In altre parole, non ficcare il naso in una cultura che non capisci.

Con il passare degli anni, si è capito che la regista di *Marie Antoinette* non puntava a riprodurre la realtà storica, ma a usarla come ispirazione, e a quel punto la reputazione conquistata dal film è stata ben più positiva. Quanto all'interpretazione di Jamie, non si può definirla più di una comparsata, ma era un inizio. Qualcuno restò perplesso all'idea di scegliere lui per un ruolo simile, ma perché no? Appena allertato dal suo agente, aveva interrotto le prove con i Sons of Jim per volare a Parigi; l'indomani aveva avuto la conferma ufficiale dell'ingaggio. «È stata l'ultima parte assegnata» disse al «New York Times». «Immagino che i produttori avessero cercato di scritturare una certa categoria di attore, qualche grosso nome dalla scuderia dei giovani più promettenti, e non fossero riusciti a trovare nessuno.» Ma avevano trovato lui, permettendogli finalmente di realizzare un sogno coltivato per anni: apparire sul grande schermo.

«È stato straordinario lavorare con talenti di quel calibro al mio debutto» dichiarò al «Sun». «Kirsten Dunst è un'attrice fantastica, perfetta per il ruolo di Maria Antonietta. Ci siamo divertiti come matti a girare le scene di sesso. Io ero a torso nudo, ma con i calzoni! Secondo il copione, Kirsten doveva tenere addosso le calze e il ventaglio in mano, il che ci ha creato qualche impaccio. Ma Sofia Coppola aveva tutto sotto controllo, e credo abbia fatto un ottimo lavoro.» Jamie aveva persino incontrato il padre della regista, Francis Ford Coppola. «Seguivo le riprese dal monitor seduto accanto a uno dei più grandi registi del mondo. Mi sono dovuto dare un pizzicotto per accertarmi che non fosse un sogno!»

Sarebbe esagerato affermare che dopo l'uscita del film Jamie sia stato inondato di offerte, ma l'apparizione era durata abbastanza a lungo da dimostrare che sapeva recitare. Anni dopo avrebbe protestato che era stata la bellezza a intralciarlo, ma a quel punto fu chiaro a chiunque che oltre a essere fotogenico era anche capace. È curioso che la sua immagine di modello fosse molto legata al look "barba sfatta", mentre al debutto sul grande schermo apparve perfettamente rasato. A quanto sembra, produttori e regista non concordavano con la sua convinzione di risultare più attraente con il volto incorniciato dalla barba.

Insomma, il suo futuro appariva un po' più roseo, sebbene per il decollo vero e proprio ci sarebbe voluto del tempo. Jamie continuava a lavorare come modello, quindi non aveva problemi economici, eppure si cominciò a menzionare il suo nome in riferimento a nuovi progetti cinematografici. E l'impressione generale che si aveva di lui era ottima. Non si prendeva ancora troppo sul serio, sempre per merito di quell'autoironia – anche questa una qualità ereditata dal padre – che lo rendeva ancora più accattivante. Dopo anni trascorsi in panchina, a vedere luci e ombre della celebrità attraverso gli occhi di un'altra persona, era arrivato il suo turno di scendere in campo. Aveva dimostrato di avere tutte le carte in regola. E stava per diventare una star di primo piano.

5
Succès de scandale

La separazione da Keira era ufficiale e la carriera cinematografica di Jamie era decollata: tutto nel giro di un anno. Il ruolo in *Marie Antoinette*, per quanto secondario, segnò l'avvio di un'ascesa che si sarebbe presto rivelata spettacolare. Non che la sua carriera di modello fosse in declino, anzi. Nel 2006 la sua stella brillava più fulgida che mai.

In primavera, Calvin Klein lo confermò come testimonial della sua campagna – dopo quella del 2004 –, questa volta al fianco di Kate Moss. Non fu soltanto l'accoppiata di due bellissimi modelli ad attirare l'attenzione dei media: la notizia fece scalpore anche per lo scandalo scoppiato l'anno prima, in seguito alla pubblicazione di una foto in cui la Moss era stata sorpresa a drogarsi, e che le era valsa il soprannome di "Cocaine Kate". All'epoca, i profeti di sventura vaticinarono la fine della sua carriera. Nei fatti, però, accadde l'esatto opposto: dopo un breve periodo di disintossicazione e la perdita di un paio di contratti, la modella si rese protagonista di un clamoroso ritorno in passerella.

Il contratto con Calvin Klein, in particolare, fu di fondamentale importanza per lei. Nel 1992 era stata la stessa casa di moda a renderla celebre, con un servizio in bianco e nero al fianco di Mark Wahlberg. La Moss aveva continuato a lavorare per lo stilista fino al 1999, e ora ricompariva in una sua campagna per un compenso – pare – di 500.000 sterline, con tanto di cena organizzata in suo onore. «Kate ha una lunga storia con il marchio Calvin Klein e ci è sembrato naturale richiamarla per questa nuova campagna di jeans, riaccendendo la fiamma tra loro e mettendo in luce l'essenza sexy e cool sia di Kate sia di Calvin Klein» dichiarò il direttore creativo della campagna, Fabien Baron. Il servizio sarebbe stato realizzato a New York.

«Non l'avevo mai incontrata prima, ma è una persona davvero adorabile: gentilissima e molto più timida di quanto si potrebbe pensare» commentò Jamie al «Mirror». «È sempre entusiasmante lavorare con professionisti del suo calibro.»

Come al solito, l'attenzione di tutti si concentrò sulla donna al suo fianco invece che su di lui, ma la cosa non aveva importanza. La sua carriera era in ascesa e anche la sfera personale sembrava in netta ripresa. Fu avvistato persino a bere al club Koi di Hollywood in compagnia nientedimeno che di Lindsay Lohan. Una mossa azzeccata: nei mesi successivi alla separazione, lui e Keira erano stati fotografati insieme tanto spesso da suscitare costanti voci di una riconciliazione, con il risultato che nessuno dei due era davvero riuscito a lasciarsi la loro storia alle spalle. Adesso, invece, Jamie ricominciava a farsi vedere in pubblico con altre donne. La serata con Lindsay Lohan, nello specifico, non portò a niente di serio, ma era comunque un passo nella direzione giusta. All'epoca i bene informati li diedero per "fidanzati", ma si trattava probabilmente di un'esagerazione. In ogni caso, quando anni dopo fu pubblicato l'elenco di conquiste dell'attrice, compariva anche il nome di Jamie.

Per parte sua, lui negò ogni cosa. «Non sto uscendo con Lindsay Lohan» annunciò al «Mirror». «Quando ho letto quell'elenco, sono scoppiato a ridere. La conosco, l'ho vista in *Mean Girls*, ma questo è quanto. Sono single, nessuna signora Dornan all'orizzonte. Non mi è mai stato facile uscire con le ragazze perché sono molto timido. Non sono bravo a rimorchiare, e a Londra è ancora più difficile. La città pullula di belle donne, ma mi intimorisce: è talmente grande che non sai mai chi incontrerai o che tipo di persona ti troverai davanti. A scuola era più facile perché conoscevi tutti. Ormai sono single da sei mesi, forse troppo. Detto ciò, mi diverto comunque, sono attratto da moltissime ragazze.» Le donne della capitale inglese potevano ancora sperare: per il momento, Jamie conviveva con la sorella Jessica, in un nuovo appartamento a Notting Hill.

Oltre al lavoro di modello, continuava a suonare con i Sons of Jim. «Jamie e io siamo grandi amici fin dai tempi della scuola, e formare un gruppo non è stata una decisione presa a tavolino» disse David allo stesso giornale. «I Sons of Jim sono nati in modo spontaneo. Alle feste ci esibivamo sempre in qualche cover, musica di ogni genere, dai Beach Boys a Bob Dylan. Abbiamo la fortuna di poter contare su una folta schiera di amici che apprezza la buona musica; sono stati loro a incoraggiarci, così ci siamo messi a scrivere canzoni.» Il 29 maggio il duo incise un nuovo singolo intitolato *My Burning Sun* e sperava di pubblicare un album in ottobre.

«Abbiamo scritto *My Burning Sun* per sollevarci il

morale,» spiegò Jamie «perché eravamo entrambi stufi marci dell'inverno e avevamo voglia d'estate. Componiamo e cantiamo i nostri pezzi insieme, al cinquanta per cento, in pratica siamo l'uno la metà dell'altro. Io canto da sempre, e scrivo canzoni da quando avevo sedici anni. In realtà non saprei dire se a quel tempo i versi mi nascessero in testa come poesie o testi di canzoni, potevano essere entrambi, immagino. Li buttavo giù e poi, un po' alla volta, ho cominciato a cantarli. Mi sono reso conto di avere un timbro di voce particolare; mi sono esibito anche in teatro in parti cantate, ma non mi sarei mai definito un cantante, non fino a quando ho cominciato a impegnarmi sul serio con Dave... Vorrei tanto che funzionassero sia i Sons of Jim sia la mia carriera di modello – che sta andando piuttosto bene – e anche quella di attore. Non vedo perché non dovrei riuscire in tutti e tre i campi. Se ti impegni davvero puoi farcela. Certo, durante la lavorazione di un film potrebbe risultare difficile trovare il tempo per incidere un disco, ma i servizi di moda non durano un mese: in genere si tratta di due giorni in un posto e due giorni in un altro. Quasi tutti i set, comunque, sono a Londra, quindi non è impossibile dedicarsi a entrambe le cose. E mi resta ancora molto tempo libero per occuparmi d'altro, il che non è male.»

Presto il suo desiderio si sarebbe avverato, anche se i Sons of Jim non avrebbero mai davvero decollato.

Intanto Keira veniva data per fidanzata con il suo coprotagonista in *Orgoglio e pregiudizio*, Rupert Friend, e Jamie, ormai single, stava scoprendo che gli bastava rivolgere la parola a una donna per finire in prima pagina sui giornali. Da quel momento in poi gli furono attribuite diverse fiamme: prima Lucia Giannecchini, della serie televisiva *Footballers' Wives*, poi Kate Moss, solo perché insieme erano una bella coppia. Jamie liquidò le chiacchiere con disinvoltura, commentando che gli era stato attribuito un flirt anche con Natalia Vodianova, con la quale aveva lavorato un anno prima. «Non sono abbastanza *in* per Kate» confessò al «Mirror». «L'ho incontrata parecchie volte ed è una ragazza molto dolce, ma temo preferisca le grandi rock star. Visti i suoi precedenti, non sono decisamente il suo tipo.» Le torride scene di sesso girate con Kirsten Dunst bastarono a far aggiungere alla lista anche il suo nome, insieme a quello di Sienna Miller, quest'ultima per il semplice fatto di essere giovane e bellissima. Si vociferò anche di Lily Aldridge, ma entrambi negarono che ci fosse sotto qualcosa di serio.

Jamie prendeva i pettegolezzi con umorismo. «So che mi hanno associato a moltissime ragazze, ma sono solo chiacchiere» disse al «Sun». «Appena mi vedono in un locale con qualcuna, danno subito per scontato che siamo una coppia. Ovviamente non è così. Sarei un ragazzo davvero fortunato se avessi collezionato tutte quelle storie!» Quando vuole conquistare una donna, però... «So cucinare i migliori spaghetti alla bolognese del mondo» confessò. «Se voglio fare colpo, mi metto ai fornelli e servo la mia specialità con una bella bottiglia di rosso. Ma, come ho detto, al momento non c'è nessuno di speciale.» Continuava a ripetere che non soffriva più per Keira, ma era difficile non sospettare che, sotto le braci, il fuoco bruciasse ancora.

In quel periodo volle respingere anche l'ipotesi che *Only on the Outside* fosse stata scritta pensando a lei.

Forse si era reso conto che il testo poteva risultare un po' ingeneroso nei suoi confronti. «Bisogna tener presente che i testi li scrivo a quattro mani con Dave, quindi non vedo proprio come la canzone possa parlare di lei» protestò dalle pagine del «Sunday Times». Certo, aveva ammesso che gli era difficile cantarla, precisò in altre interviste, ma solo perché non riusciva a raggiungere le note alte.

L'unica ombra in un'esistenza altrimenti felice da far invidia riguardava suo padre, al quale a Belfast era stata diagnosticata una leucemia. Avendo perso la madre da giovanissimo, l'angoscia di Jamie per la malattia di Jim era tangibile. «Soffre di leucemia da qualche tempo e si è sottoposto alla terapia, ma il male non è in remissione» confidò al «Sun». «Papà è un uomo straordinario. Mia madre Lorna è morta di cancro al pancreas un anno e mezzo dopo la diagnosi. Io avevo appena sedici anni, fu lui ad aiutarmi a superare il lutto. È la persona più forte che abbia mai conosciuto. Sono fiero di rendergli omaggio nel nome della mia band.» Jim si sarebbe poi ristabilito completamente, ma all'epoca il suo stato di salute destava non poche preoccupazioni.

I media, intanto, continuavano a interessarsi alla vita sentimentale del figlio. Si parlò di possibili flirt con le modelle Gemma Ward e Lily Donaldson, oltre a qualcuna delle sorelle Geldof. Se avesse davvero frequentato tante donne non avrebbe avuto il tempo di fare altro. L'ennesima concorrente al titolo di sua fidanzata fu Mischa Barton, forse perché erano stati visti a chiacchierare in un locale, e dopo di lei Lily Allen – con la quale fu beccato a scambiarsi il numero di telefono al V Festival di Chelmsford –, ma si trattò di un altro falso allarme. Diventò poi un'icona gay, con l'apparizione sulla copertina della rivista americana «Out».

In realtà, però, era soltanto uno il nome citato regolarmente accanto al suo, e la faccenda cominciava a irritarlo. In fondo si erano lasciati. «Ero conosciuto nel mondo della moda anche prima di cominciare a uscire con Keira; in quegli anni avevo già realizzato importanti servizi. E quanto alla musica, io e Dave Alexander, mio compagno nel gruppo Sons of Jim, abbiamo iniziato a scrivere canzoni ben prima che io incontrassi lei, e ci eravamo già fatti notare suonando in locali di un certo livello. Eppure pare che io non riesca a scrollarmi l'etichetta di ex fidanzato di Keira Knightley. È frustrante» si sfogò con il «Sunday Mirror».

Finita o meno che fosse, la sua love story con la star del cinema continuò a fare "notizia". Circolò la voce che l'attrice avesse rotto con Rupert e che Jamie soffrisse ancora per lei. Poi si parlò di un suo flirt con la cantante e attrice Sharleen Spiteri, ma anche quella era una bufala. Solo la modella brasiliana Gisele Bündchen, sua partner nella campagna Aquascutum, non fu annoverata tra le sue conquiste: era talmente lampante che tra loro non ci fosse niente che, per una volta, nessuno avanzò illazioni. Certo, però, che erano una magnifica coppia. Kim Winser, all'epoca presidente e direttore generale di Aquascutum, dichiarò: «La campagna si compone di una serie di scatti rubati da un fine settimana di intrighi e convegni amorosi. Gisele e Jamie erano l'accoppiata perfetta per comunicare la visione creativa della nostra collezione per la prossima stagione».

Jamie mantenne il consueto atteggiamento equilibrato. «Un supermodello, io? Figurarsi. I modelli maschi in realtà non li nota nessuno» osservò in un'occasione. Ma a prescindere dalla sua qualifica, le donne con cui lavorava erano supermodelle eccome, e lui era più richiesto che mai. Considerato – insieme a David Gandy – esponente di una nuova leva di modelli maschi che oltre alla bellezza erano dotati anche di una spiccata personalità. E adesso che non stava più con Keira, anche la pressione si era un po' allentata: i paparazzi non lo seguivano più dappertutto, sebbene i giornali continuassero ad attribuirgli flirt su flirt. Come quello con Alexa Chung, vista a chiacchierare con lui al V Festival. Voci infondate, come al solito.

Non che si fosse liberato del tutto del "fantasma" di Keira. Nell'autunno del 2007, quando uscì il nuovo film interpretato dall'attrice, *Espiazione*, e anche se la sua relazione con Rupert Friend era ormai ufficiale, il nome di Jamie continuava a essere accostato al suo. Il costante riferimento alla ex era esasperante, e a maggior ragione ora che l'occasione in *Marie Antoinette* non aveva dato i risultati sperati. In mancanza di nuove opportunità, infatti, stava proseguendo con gli impegni nel campo della moda.

Ormai era abbastanza noto da essere ritenuto all'altezza di trasmissioni televisive di prima serata, anche se non ancora nei ruoli che avrebbe interpretato in futuro. Partecipò, insieme a personaggi del calibro di Gary Rhodes, Jenny Bristow, Rachel Allen e la ex Miss Universo Rosanna Davison, a *The Fabulous Food Adventure*, un programma in cui le telecamere seguivano un gruppo di celebrità in un viaggio gastronomico in Irlanda del Nord: i partecipanti acquistavano prodotti locali da consegnare ad Antony Worrall Thompson, incaricato di utilizzare gli ingredienti nel piatto tipico di ogni contea. Non certo un kolossal di Hollywood, ma fu comunque una buona vetrina. Più o meno in quel periodo arrivò l'annuncio di un'altra, grande opportunità: Jamie sarebbe stato scritturato in *Beyond the Rave*, una serie tv horror prodotta dalla Hammer Film Production nel 2008 con Sadie Frost nella parte della vampira. Inevitabilmente, nel comunicare la notizia, i giornali indicarono l'attore come «l'ex di Keira Knightley», ma sarebbe stata una delle ultime volte: il suo nome cominciava ad affermarsi indipendentemente da lei.

Ciononostante, non abbandonò la carriera di modello. Nel corso della London Fashion Week fu notato al fianco della modella Daisy Lowe. I due sedevano allo stesso tavolo alla cerimonia di consegna dei premi Elle Style e, parlando con i reporter, Daisy definì Jamie «molto sexy». Ormai era abbastanza conosciuto da essere interpellato dall'«Observer» insieme a varie altre celebrità in un sondaggio sui trucchi personali delle star nell'acquisto di abiti vintage. «Quando scovo un capo vintage che mi piace in un negozio, lo nascondo» confessò Jamie. «Una volta da Beyond Retro, a Londra, ho adocchiato una fantastica maglietta dei Beach Boys a dodici sterline e l'ho ficcata sotto una pila di giacche. Un giorno ci sono tornato e ho visto un tizio che l'ha trovata, se l'è provata e, accidenti a lui, l'ha comprata... Da Rusty Zip, a Belfast, ho preso un completo marrone, ma solo per fare dispetto ai miei amici, che lo trovavano orrendo. Però poi mi ci sono affezionato. Gli abiti vintage che preferisco sono quelli usati; la stoffa diventa più morbida. Certo, ci sono anche risvolti negativi. Per esempio mi è capitato di acquistare un paio di camicie con macchie indelebili sotto le ascelle.» Tutti ottimi consigli, i suoi.

E ottima anche l'idea di non rinunciare ancora alla moda. All'inizio del 2008 terminò la lavorazione di *Beyond the Rave*: nonostante l'ottima reputazione della Hammer, la serie fu un flop. Basta leggere il copione per indovinarne il motivo. Il protagonista, Ed (interpretato da Jamie), è un soldato che, prima di partire per la guerra in Iraq, cerca di rintracciare la fidanzata Jen (Nora-Jane Noone). Immaginate il suo sconforto quando scopre che la ragazza si è lasciata irretire da una cricca di vampiri festaioli, decisi a tramutarla in una di loro nel corso di un rave di non-morti organizzato, manco a dirlo, nel fitto di un'oscura foresta. Nel progetto fallimentare finirono anche Ingrid Pitt, star di alcuni leggendari film della Hammer dei tempi d'oro, e Sadie Frost, l'"angelo caduto" della storia. Considerato che *Beyond the Rave* era la prima produzione della casa cinematografica inglese dopo *Il mistero della signora scomparsa*, remake della pellicola di Hitchcock *La signora scompare*, risalente al 1979 – Jamie non era nemmeno ancora nato! –, di certo la Hammer non aveva offerto un gran prodotto.

Inizialmente entusiasta di essere stato scritturato, il giovane attore credeva che sarebbe stata l'occasione giusta per il suo lancio nel firmamento delle vere star. «Avevo appena terminato le riprese di un bel film in costume, e in parte era proprio per questo che trovai interessante una proposta di un genere del tutto diverso, come *Beyond the Rave*» dichiarò al «Daily Telegraph». «E mi incuriosiva molto anche il fatto che gli episodi sarebbero stati trasmessi sul web. I tempi erano parecchio accelerati rispetto alla mia esperienza precedente. C'era un'atmosfera di grande eccitazione, tutto viaggiava alla velocità della luce. D'altra parte, se devi catturare l'attenzione dello spettatore in un episodio della durata di cinque minuti, devi girare qualcosa di davvero intenso. Era un territorio inesplorato per tutti noi.» E le scene di sangue? «Be', sul set era piuttosto difficile restare seri quando venivi aggredito da un vampiro impazzito e armato di due spade da samurai.» Appunto. Se gli stessi attori non riuscivano a prenderlo sul serio, era improbabile che potesse riuscirci il pubblico.

A distanza di anni, e una volta accumulato un curriculum professionale di cui poteva davvero andare fiero, un giornalista della rivista «Interview» gli chiese perché diamine si fosse lasciato trascinare in un progetto simile. «Avevo incontrato il produttore alle nozze di mia sorella e lo avevo trovato simpatico» rispose. «La sua presentazione del progetto era coinvolgente, e dopo qualche bicchiere di troppo accettai di prendervi parte. Il periodo delle riprese fu pazzesco. Dormivo tutto il giorno, non avevo più una vita, mi alzavo per andare sul set alle sei di sera e rincasavo alle sei del mattino. Un ritmo assurdo. Non ricordo granché di quel periodo. [Ride.] Però mi sono fatto qualche buon amico. Dormire poco lega molto.»

Il regista, Matthias Hoene, disse al «Daily Telegraph»: «Sono cresciuto guardando le produzioni della Hammer. Per un ragazzino, quella miscela di horror e sesso è decisamente eccitante. Il nostro progetto avrebbe dovuto affrontare lo zoccolo duro dei fan, troppo affezionati allo stile dei classici Hammer per apprezzare qualsiasi cambiamento. Per giunta, noi puntavamo proprio a realizzare qualcosa di innovativo, in grado di attirare un pubblico più giovane. Quindi abbiamo deciso di raccontare una storia che fosse eccitante, sexy e un po' scioccante». E molto, molto stupida.

L'altra novità fu che la pellicola finì dritta su internet, su Myspace, dove fu trasmessa in cinque web episodi di venti minuti ciascuno. La trovata imponeva requisiti particolari. «In un normale lungometraggio, i primi dieci o quindici minuti servono a presentare i personaggi e i loro trascorsi. In questo progetto, invece, ogni cinque minuti bisognava inserire nuovi colpi di scena, sviluppi, svolte e sorprese: il pacchetto completo di un film intero. E, com'è ovvio, era impossibile concluderli tutti con un *cliffhanger*. L'effetto sarebbe risultato troppo artificioso... Però è un prodotto perfetto se ti va di guardare qualcosa che non duri molto, durante la pausa pranzo o sull'autobus, per un intervallo molto breve, insomma. In fondo è soltanto un modo diverso di narrare una storia. Anche i romanzi di Dickens furono pubblicati a puntate, ciascuno un piccolo capitolo a sé stante, ma questo non ne inficiava certo il pregio. Un formato simile può rivelarsi davvero efficace. Quello che mi piace dell'horror è che ti permette di trattare argomenti seri – politici e sociali – senza perdere il valore di intrattenimento. In questo, è un genere cinematografico unico, che consente di veicolare messaggi impossibili da trasmettere con qualsiasi altro tipo di film. Se per esempio ne giri uno convenzionale sugli esperimenti genetici, ben pochi andranno a vederlo. Se invece affronti lo stesso tema in un horror, è probabile che raggiunga un pubblico più vasto. E se lo tratti in modo intelligente, il tuo messaggio arriverà a destinazione.»

Ahimè, a dispetto di tanta bella teoria, quel prodotto

non risultò rivoluzionario come si sperava. Alcuni spezzoni girarono su internet, e gli internauti non furono garbati nei loro commenti. «Ho dato un'occhiata e l'ho trovato scadentissimo, una produzione da quattro soldi con l'etichetta Hammer»; «Francamente orrendo»; «Una tremenda boiata».

Il regista Matthias Hoene difese a spada tratta la sua creatura. «È un prodotto nuovo e fresco, con un cast e una troupe di giovani, nonché un ottimo veicolo di nuovi talenti» protestò dal «Sunday Mirror», senza convincere nessuno. Sul medesimo giornale, Jamie si sforzò di rassicurare i lettori che la pellicola non era troppo *splatter*. «Non puoi girare la scena di una decapitazione senza spargere almeno qualche goccia di sangue» obiettò. «Ma per essere un film della Hammer, il nostro in fondo è piuttosto contenuto. C'è qualche dettaglio raccapricciante, ma sempre nello stile classico della casa di produzione.»

Parole al vento. Niente avrebbe potuto salvare quel disastro. D'altronde, era inevitabile: il budget non superava le 500.000 sterline, cifra che in genere, a Hollywood, non basta a pagare nemmeno il catering.

Ci fu anche chi aderì alla scuola di pensiero del "è talmente brutto che diventa bello", come Jaci Stephen, in una recensione del «Guardian». «Il capo dei vampiri è Melech (Sebastian Knapp), che si innamora di Jen e vorrebbe caricarla sul suo vascello fantasma (o qualsiasi mezzo di trasporto usino i non-morti) per raggiungere insieme a lei un'isoletta dove vivere per sempre felici e contenti. "Domani salpiamo per lidi lontani" le dice. "Posso prenotarti una cuccetta?" È esilarante. Recita battute ridicole con perfetta serietà. Ma le vere perle di comicità vanno riconosciute ai fratelli Crocker, un terzetto di inetti totali che cerca di sgominare i vampiri sferrando attacchi da guerra tra bande. "Forse siamo nei guai" commentano, dopo essere inciampati in una testa decapitata nel bel mezzo della strada.» La recensione proseguiva sullo stesso tenore, offrendo la conferma definitiva di un'operazione risibile dal principio alla fine.

Ma ogni carriera ha i suoi scivoloni, e Jamie si affrettò a passare oltre. «Mi piacerebbe recitare in una commedia con Angelina Jolie» rivelò al «Sun». «È dura ottenere una parte da protagonista nelle commedie romantiche, se non hai un accento inglese. È l'inflessione perfetta, effeminata e patetica al punto giusto.»

Comunque, ormai era comparso sui radar di Hollywood, e non era più conosciuto soltanto come modello. Lentamente, ma con costanza, le offerte cominciarono ad arrivare. Lui allargava la sua rete di contatti, leggeva copioni, incontrava registi e imparava a muoversi nel mondo cui aspirava da sempre. Si presentò a molte audizioni, in genere senza ottenere la parte, ma non si perse d'animo, e si conservò determinato, impegnato e capace. Era solo questione di tempo.

Ancora non si vedevano fidanzate all'orizzonte, e gli amici iniziavano a domandarsene il motivo. Dopotutto era un ragazzo molto bello, sempre circondato da splendide indossatrici, e dalla relazione con la Knightley erano passati anni. Perché gli era tanto difficile trovarsi una nuova ragazza? Molti erano certi che non avesse mai dimenticato Keira, anche perché lui stesso non faceva che proclamare la sua lealtà alle persone che amava. Quando un reporter del «Sunday Express» gli domandò come mai fosse ancora single, rispose: «Sono una persona fedele. Non riesco nemmeno a cambiare banca. Mi sono affezionato al direttore e detesto l'idea di deluderlo, anche a costo di perderci soldi». Se restava tanto legato a un direttore di banca, figurarsi alla sua ex, nonché suo primo vero amore. Poteva infastidirlo che il pubblico lo associasse sempre a lei, ma era innegabile che l'esperienza con Keira lo aveva segnato.

In un certo senso, però, fu anche una buona preparazione al ruolo di Christian Grey. Il protagonista di *Cinquanta sfumature* è un'anima tormentata, un uomo ferito nei sentimenti, traumatizzato. Di Frank Sinatra si dice che imparò a interpretare davvero canzoni di amori infelici solo dopo aver perso Ava Gardner. Che sia stata proprio la separazione da Keira Knightley a fare di Jamie l'attore che è diventato oggi?

6
Nice to Meet You

Presto la carriera di attore di Jamie sarebbe decollata, ma restava ancora un po' di strada da fare. Nell'immediato, ottenne altri ingaggi insignificanti, a cominciare da un cortometraggio del 2009, dal titolo *Nice to Meet You*, con protagonista un'accoppiata madre-figlia interpretata da Trudie Styler e Mickey Sumner, e con Jamie nella parte di un bellone anonimo e tenebroso. La trama, ammesso di poterla definire tale, prevedeva che il giovane Dornan, in fuga dalla polizia, capitasse nel giardino di Trudie (nessuno dei personaggi aveva un nome). A quel punto lei gli offre un riparo finché gli agenti non se ne vanno, poi segue un momento di suspense – finiranno o non finiranno a letto? – interrotto dall'arrivo della figlia di Trudie. Il ragazzo sparisce, salvo ripresentarsi tempo dopo in veste di fidanzato della ragazza. Tra suocera e potenziale genero seguono altre scene di attrazione fatale, troncate dalla fine improvvisa (e pietosa) del film, che ci lascia nel dubbio se i due abbiano ceduto o meno ai propri desideri illeciti.

Il livello era scarso quanto quello di *Beyond the Rave*, ma i fan particolarmente affezionati possono trovarlo su YouTube. Lo stesso Jamie non si fece grosse illusioni in merito a quel progetto, tanto da restare sorpreso quando una giornalista gli disse di averlo visto. Furono ben pochi anche gli spettatori di *X Returns*, altro bizzarro cortometraggio girato più o meno nello stesso periodo e incentrato sulla figura di un misterioso "Agente X" (Jamie) che, arrestato a Los Angeles con false accuse, evade dal carcere, dove ha fatto da cavia per esperimenti scientifici, dopo quarant'anni solo per ritrovarsi smarrito in un presente sconosciuto. Per scoprire cosa ne è stato della sua famiglia dovrà ripercorrere a ritroso quei quattro decenni, ricostruendo passo dopo passo la sua vita passata. Il plot era un po' più articolato del precedente, e con un cast di cinque attori invece che tre, ma undici minuti erano francamente troppo pochi per segnare la svolta.

In ogni caso, era un'esperienza, e l'ingaggio successivo si collocò su ben altro piano. *Shadows in the Sun*, una pellicola indipendente con protagonista la leggendaria Jean Simmons nell'ultima apparizione cinematografica della sua vita, narrava la storia di un giovane solitario il cui intervento aiuta una famiglia a superare il dolore per la malattia e la morte della madre anziana. Siamo negli anni Sessanta e Joe, il personaggio di Jamie, è un animo tormentato che conduce un'esistenza da vagabondo e instaura un'amicizia con Hannah (la Simmons), una vedova avanti negli anni e gravemente malata che vive in una località isolata sulla costa orientale dell'Inghilterra. Il ragazzo si ingegna a procurarle marijuana come analgesico, ma Robert, il figlio della donna (interpretato da James Wilby), comincia a sospettare che abbia secondi fini. La situazione si fa ancora più tesa quando Joe si lega a sua figlia.

I due giovani attori, Jamie e James, erano entrambi un po' intimiditi alla prospettiva di lavorare al fianco di Jean Simmons, e a buon diritto: dopotutto, la star apparteneva all'élite di Hollywood. Per parte sua, la Simmons sembrò divertita da così tanta deferenza. «Non so cosa si aspettassero di vedere» disse ad Allan Hunter, del «Daily Express». «Forse una diva stile Gloria Swanson in *Viale del tramonto*. A me invece piace pensare di non aver mai perso il contatto con la realtà. Credo di doverlo alla mia famiglia, soprattutto a mio fratello, il cui atteggiamento nei confronti del mio lavoro era che fosse un mestiere come un altro.» Era una persona genuina e senza complessi di superiorità, proprio come i suoi due giovani co-protagonisti.

La pellicola, scritta e diretta da David Rocksavage, fu presentata al Dinard British Film Festival, dove ricevette alcune ottime recensioni. «*Shadows in the Sun* è un film commovente e splendidamente girato, la storia del riscatto di una famiglia e del suo passato attraverso il perdono e l'amore» dichiarò Carey Fitzgerald, capo della High Point Films, che ne acquistò i diritti di distribuzione. Il film segnò un enorme passo avanti nella carriera di Jamie.

Com'era inevitabile, però, l'attenzione generale si concentrò su Jean Simmons. Per coincidenza, uscì nella stessa settimana in cui fu riproposto nelle sale *Spartacus*, girato nel 1960 e anch'esso interpretato dalla Simmons. Sull'«Observer», Philip French commentò: «Il cinema rende immortali, ma al tempo stesso documenta il nostro invecchiamento, insegnandoci ad accettare la nostra mortalità. *Shadows in the Sun* riunisce l'uno e l'altro aspetto quando, poco prima di morire, la malata terminale interpretata dalla Simmons assiste a un allestimento all'aperto della *Tempesta*, opera di grande saggezza sul tema del distacco e della morte».

Il parere di Andrew Pulver, del «Guardian», fu meno positivo. «Il regista e co-autore David Rocksavage, alias VII marchese di Cholmondeley, si sforza di creare un'atmosfera nostalgica così sottotono da ridurre la pellicola all'irrilevanza. Gli attori fanno del loro meglio per tenere in piedi la vicenda, ma finiscono intralciati da espedienti narrativi meccanici, come l'episodio in cui un gruppo di studenti inscena la *Tempesta* su una spiaggia locale.»

Anche la recensione di Tim Robey del «Daily Telegraph» fu piuttosto tiepida. «I dettagli più infimi assumono un'importanza sproporzionata in questo film esageratamente *british*, ambientato negli anni Sessanta nell'Inghilterra orientale, dove una famiglia si riunisce per trascorrere l'estate con la cara vecchia nonnina (Jean Simmons). Completano il benintenzionato quadretto di nostalgia e buoni sentimenti un naufragio pittoresco, l'insistita *Träumerei* di Schumann e una rappresentazione della *Tempesta*, allestita come saggio di fine anno da alcuni studenti di teatro.»

Molti altri critici, però, furono conquistati dal fascino delicato del film. Derek Malcolm, del «London Evening Standard», scrisse: «*Shadows in the Sun* è così distante dallo stile grossolano e concitato della cinematografia odierna da farci temere per la sua sorte al botteghino, ma la fotografia di Milton Kam trasmette un calore particolare, quasi cechoviano all'acuirsi delle tensioni, sempre però tenendo fede a una discrezione tipicamente inglese. La vicenda si dipana con tale garbo da esporsi al rischio di perdere impatto e mordente, ma l'ottima interpretazione del cast, e in particolare della Simmons – che irradia ancora il carisma di una star – e di Wilby, riesce a mantenere vivo l'interesse fino alla fine. Morale e intenzioni sono al di sopra di ogni sospetto».

Nelle parole di Sam Jordison, della Channel 4 Film, «ogni dettaglio è costruito con una serena competenza che forse non terrà lo spettatore con il fiato sospeso, ma di sicuro suscita interesse e partecipazione. Il tema è intelligente, la fotografia è ottima e gli attori rendono piena giustizia ai propri personaggi a tutto tondo. Con un'interpretazione capace di trasmettere il carattere e la tenerezza di Hannah, la Simmons ruba la scena, ma il cast intero le offre un sostegno impeccabile».

Il commento di Allan Hunter sul «Daily Express» fu altrettanto lusinghiero: «Il fascino e l'intelligenza caratteristici della Simmons brillano nel personaggio di Hannah, anziana matriarca rimasta vedova che si ritrova a vivere sola nella grande casa di campagna di Pear Tree. Il suo unico amico è Joe (Jamie Dornan), il giovane tuttofare che tra le altre cose le procura la marijuana necessaria ad alleviarle il dolore. [...] Il film è una fiaba tenue che forse manca un po' di passione, ma la presenza della Simmons contribuisce a renderlo toccante».

Shadows in the Sun non ebbe certo un effetto dirompente (*La nonna si fa le canne* lo liquidò fin dal titolo una recensione del «Sunday Mirror»), ma per la carriera di Jamie rappresentò un significativo progresso, e anche la sua immagine cominciò a cambiare. Aveva talento, e presto, grazie alla maggiore visibilità dei progetti successivi, sarebbe stato sotto gli occhi di un pubblico ben più vasto.

Ciononostante, parecchi recensori non riuscirono a esimersi dal commentare la sua bellezza. Restava pur sempre un indossatore, sebbene iniziasse a dimostrare notevoli capacità interpretative, e in Inghilterra, come lui stesso osservò contrariato in varie occasioni, si diffida dei modelli che si cimentano nella recitazione.

Nel gennaio del 2009 Jamie si piazzò al quarto posto nella classifica degli uomini più sexy d'Irlanda secondo la rivista «Social & Personal» (il numero uno fu la star televisiva Baz Ashmawy) e molti giornali riportarono la cronaca del festeggiamento organizzato da quel podio di "giovani fusti". La rivista «Company» lo inserì nella top ten dei cinquanta scapoli più ambiti d'Inghilterra, insieme al principe Harry. E ancora una volta gli furono attribuiti flirt con una folta schiera di donne, ultima delle quali Emma Watson, star di *Harry Potter* con cui fu visto chiacchierare al Grosvenor House Hotel, durante l'after party della Grey Goose (il ricevimento sponsorizzato dalla marca di vodka che per tradizione segue la consegna dei British Academy Film Awards). Emma aveva espresso alla stampa la propria preoccupazione per la sua prima scena di bacio sul set, insieme al co-protagonista Rupert Grint: temeva di non avere abbastanza esperienza, e parecchi giornalisti suggerirono che Jamie fosse l'uomo giusto per aiutarla ad affinare la tecnica.

In effetti, l'attore irlandese sembrava davvero interessato ma, nella serata in questione, la Watson fu vista chiacchierare anche con altri tre corteggiatori: Robert Pattinson, Nicholas Hoult e Alex Pettyfer. Quale dei quattro l'avrebbe conquistata? «Non più adolescente carina e impacciata, Emma ha una bellezza da autentica stella del cinema» dichiarò una fonte interna al «Sunday Mirror». «Possiede uno stuolo di ammiratori, tra cui lo stesso Jamie. Lei, però, è una ragazza romantica; per sedurla, Dornan dovrà ricorrere alle strategie tradizionali: valanghe di fiori e di cioccolatini. Non è abituato a vedersi respingere dalle donne, dunque un "no" lo renderà ancora più ostinato. Alla prossima festa mondana ci riproverà di sicuro. Visto che in questa occasione tutti gli invitati maschi si sono accalcati a farle la corte, adesso Jamie sa di doversi dare una mossa.»

D'altra parte, non era detto che sotto ci fosse qualcosa di serio: Dornan era giovane, libero e single. Niente gli impediva di godersi la vita. Per di più, la sua carriera di indossatore proseguiva a gonfie vele. Quell'anno comparve nella nuova campagna per Calvin Klein al fianco di Eva Mendes, palesemente felicissima di strusciarglisi addosso. Lei posava a seno nudo, facendosi scudo con il corpo del collega. Com'era prevedibile, le foto fecero scalpore, dando nuovo impulso alla sua notorietà.

A volte, però, lui era troppo sensibile al giudizio degli altri. Le belle donne sono spesso considerate oche e lo stesso preconcetto vale anche per gli uomini molto attraenti. E, giusto o sbagliato che sia, chi lavora nel campo della moda non si fa notare certo per la propria intelligenza. Non era il cervello a procurare ingaggi a Kate Moss, per quanto chiunque l'abbia conosciuta di persona la definisca un'astuta donna d'affari. Jamie si trovava in una situazione identica. Di tanto in tanto, era comprensibile che se ne lamentasse.

«La gente è convinta che i modelli siano stupidi» confessò al «Sunday Mirror». «Se poi posano a petto nudo passano per perfetti imbecilli. Dico sul serio, lo leggo nei loro occhi. Mi parlano "mooolto lentameeente" e credono che io non mi interessi ad altro che a creme, cosmetici e dopobarba. Oppure ai vestiti. Li capisco. Se mi vedessi solo in foto, probabilmente penserei la stessa cosa.»

Rivelò poi che un numero impressionante di persone dava per scontato che fosse gay – ovviamente non quelle che si tenevano aggiornate sulle innumerevoli congetture relative alla sua vita sentimentale – e protestò contro i tanti che lo additavano come uno sempre pronto a togliersi di dosso i vestiti. «Non mi sbottono la camicia ogni volta che mi trovo davanti a un obiettivo. Chi è interessato a vedermi mezzo nudo può digitare la stringa TORSO DI JAMIE DORNAN su Google e guardarsi le foto. Io l'ho fatto diverse volte e ormai non mi interessa più.» Poi però ammise: «Non ho mai dato peso alle stronzate sulla sacralità del corpo, sebbene il mio torni utile per pagare il mutuo».

Adottò toni più leggeri in un'intervista concessa all'«Observer» dopo un servizio fotografico per «Men's Health», appena diventato il mensile maschile più venduto in Inghilterra. In parte il merito era di personaggi come lui, giudicati solo in base alla bellezza, come da sempre accadeva alle donne. Qual era la sua opinione in merito? «Credo sia piuttosto ridicolo che un uomo venga idolatrato perché sta bene in mutande.» Quindi raccontò di un tizio che gli aveva chiesto un autografo definendolo «un'ispirazione». «Mi è sembrato assurdo. Mentre firmavo la foto, scrivendo sul mio inguine, pensavo: "Non ammirare un tizio soltanto perché è abbastanza carino mezzo nudo". Non è mica un merito. Le cose da cui trarre ispirazione sono ben altre. Certo, se si tratta di una “ragazza” in mutande, allora lasciarsi ispirare va benissimo. [Ride.] Ovviamente con questo non intendo che le donne vadano apprezzate solo in biancheria intima...»

Rispetto alle colleghe, però, Jamie godeva di un piccolo vantaggio: poteva mangiare e bere a piacimento. «Per costituzione sono piuttosto esile, quindi ho sempre dovuto mangiare parecchio per mettere muscoli. Finché la mia carriera di modello non è davvero decollata, mi allenavo moltissimo con i pesi e ingurgitavo vagonate di hamburger... oltre che di Guinness» confessò a «Men's Health». Per una modella sarebbe stata la catastrofe.

Nell'autunno del 2009, Jamie aveva raggiunto un tale successo come indossatore da essere giudicato all'altezza di lanciare le carriere di altri colleghi. Inaugurò e fu membro della giuria dell'iniziativa *9 Countries, 9 Men, 1 Winner*, un evento di casting organizzato da Calvin Klein che riuniva aspiranti modelli da nove paesi, appunto (Inghilterra, Francia, Germania, Grecia, Olanda, Italia, Russia, Spagna e Svezia). Attraverso una serie di provini, i giudici dovevano selezionare un finalista per ciascuna nazione; dopodiché i prescelti si sarebbero affrontati nella finalissima, fissata per il marzo dell'anno dopo. Il premio era un contratto con la Select Model Management, oltre a un viaggio per due in Sudafrica, e a vincerlo fu l'inglese Laurence Cope. A diciannove anni, Laurence era a sua volta un atleta, appassionato di calcio e tennis, e divenne la nuova scoperta della moda internazionale.

Nel gennaio del 2010 morì Jean Simmons. La notizia sconvolse Jamie, che le tributò un addio molto lusinghiero. «Aveva, se non erro, settantanove anni quando ho lavorato con lei» dichiarò alla rivista «Interview». «Se penso a tutti i film che ha interpretato, a quanto era gentile e generosa... rischio di commuovermi. Aveva mosso i primi passi già da bambina e conosceva una quantità di storie bellissime su Hollywood. Aveva recitato con Marlon Brando e Frank Sinatra, nello stesso film peraltro! Temo di averla sfinita con le domande su quell'esperienza. Mi disse che uno dei suoi primi ingaggi era stato come controfigura di Vivien Leigh. Per girare una scena in cui la Leigh moriva annegata, la infilarono in un tappeto arrotolato e la buttarono in piscina. Confessò che sott'acqua la scena sembrava non finire mai. Quando invece la ripescarono, si rese conto che erano passati soltanto pochi secondi. Rideva, raccontandolo. Aveva cominciato così, e subito dopo era stata scritturata per la parte di protagonista in *Spartacus*.»

Lui stesso stava per aggiudicarsi l'ingaggio della vita, ma non prima di apparire in un altro, irrilevante cortometraggio, *The Black Widow*. Non aveva ancora compiuto trent'anni, eppure già aveva fatto moltissima strada. Apparteneva alla minuscola élite di modelli che il pubblico conosceva per nome, e stava anche diventando piuttosto ricco. La sua carriera era inarrestabile: nel 2011 partecipò a varie campagne pubblicitarie, comprese quelle per la rivista «Wonderland», Gap, Desigual e Hugo Boss. E alla fine arrivò l'occasione sognata da tempo.

Nella vita niente va esattamente secondo i piani, quindi non dovremmo sorprenderci che, a dispetto del suo impegno per sfondare nell'industria del cinema, in realtà furono due telefilm a lanciarlo davvero. *C'era una volta* è una serie magnificamente innovativa firmata da Edward Kitsis e Adam Horowitz, due sceneggiatori che avevano affinato il proprio talento con *Lost* e *Tron: Legacy*, e dunque maestri nel tenere il pubblico con il fiato sospeso, in trepidante attesa dell'episodio successivo. La storia è ambientata sia in un paese delle favole del passato sia nella realtà del presente, con ciascun personaggio sdoppiato nei due mondi.

La vicenda comincia nella cittadina marittima di Storybrooke, nel Maine, i cui abitanti si rivelano protagonisti di fiabe e racconti imprigionati nel mondo reale e privati dei propri ricordi dalla Regina Cattiva (Lana Parrilla). La donna, sindaco di Storybrooke, ha inflitto loro tale punizione grazie a una potente maledizione ottenuta da Tremotino (Robert Carlyle). I cittadini di Storybrooke conducono un'esistenza sempre identica da ventotto anni, senza rendersi conto di non invecchiare. La loro sola speranza di liberazione è affidata a una cacciatrice di taglie di nome Emma Swan (Jennifer Morrison), figlia di Biancaneve (Ginnifer Goodwin) e del Principe Azzurro (Josh Dallas), trasportata ancora bambina dalla Foresta Incantata al mondo reale, e dunque scampata alla maledizione. Emma è l'unica con il potere di spezzare l'incantesimo e restituire la memoria agli altri.

La aiutano nell'impresa il figlio Henry (Jared S. Gilmore), che la donna ritrova dopo averlo dato in adozione, e il suo libro di fiabe, che custodisce la chiave per mettere fine all'anatema. La madre adottiva di Henry è la stessa Regina, il che offre ulteriori occasioni di conflitto e interazione tra le due donne. Ogni episodio è di solito diviso in due frammenti, il primo dei quali fornisce informazioni sul passato di ciascun personaggio, aggiungendo di volta in volta nuovi dettagli sul loro modo di essere, sugli eventi precedenti la maledizione e sulle sue conseguenze. Nel contempo i vari abitanti di Storybrooke vivono le loro avventure nel presente, con sviluppi diversi ma pari quantità di colpi di scena.

La serie debuttò il 23 ottobre del 2011, con un episodio in cui la Regina Cattiva irrompe alle nozze tra Biancaneve e il Principe Azzurro e annuncia la maledizione che priverà tutti i presenti del loro "lieto fine". Dopodiché, gran parte dei personaggi delle fiabe si ritrova a Storybrooke. Alla fine della stagione, Emma riesce nella sua missione. Visto il successo di pubblico, però, i produttori non permisero ai protagonisti di tornare nel mondo delle fiabe, proseguendo invece con una seconda stagione in cui ciascuno di loro doveva fare i conti con la scoperta della propria doppia natura.

In questo affascinante scenario si colloca l'interpretazione di Jamie, di cui sono innamorate sia la "buona" della storia sia la "cattiva". Per lui si era aperta una fase davvero entusiasmante: non soltanto era stato scritturato per un programma di prima serata, ma avrebbe recitato al fianco di attori di grandissimo calibro. Primo tra tutti, Robert Carlyle, nel duplice ruolo di Tremotino e del signor Gold, diventato subito suo amico. «Bobby è una leggenda, sotto ogni punto di vista» dichiarò alla rivista «Fabulous». «Un grande attore si riconosce dalla capacità di apparire spontaneo al cento per cento. Non ci abbiamo messo molto a legare. Io sono di Belfast, lui di Glasgow e, data la somiglianza nei trascorsi storici, tra irlandesi e scozzesi ci si capisce al volo.» E poi c'era Ginnifer Goodwin, divenuta celebre con la serie tv *Big Love*, che narra le vicende di una famiglia di mormoni fondamentalisti e poligami, e ora passata al ruolo di Biancaneve.

C'era una volta conquistò subito il pubblico televisivo. «L'idea originaria risale a più di otto anni fa, al tempo in cui io e Eddie [Kitsis] avevamo appena finito la lavorazione di *Felicity*» spiegò Adam Horowitz in un'intervista a *collider.com*. «Insieme stavamo cercando di capire per quale motivo i racconti ci appassionino tanto, e siamo giunti alla conclusione che ad affascinarci sono soprattutto il mistero e l'esplorazione di mondi molteplici e diversi. Nello specifico, eravamo entrambi attratti dalle fiabe, perché la narrazione fa parte del nostro dna: è stato l'amore per il racconto a tramutarci in scrittori. Come sceneggiatori, una storia ambientata in due universi distinti, in cui i personaggi manifestano due lati della propria personalità, ci offriva l'opportunità di approfondirne i moventi e i comportamenti da svariate angolature. Uno scrittore è sempre in cerca di modi nuovi per analizzare un personaggio, per questo il concetto della serie ci ha tanto entusiasmati.»

Tuttavia non deve essere stato facile affrontarne alcuni "doppi" in senso stretto, alle prese con il proprio passato nel mondo delle fiabe e con il presente in quello reale. «È proprio lì la sfida. Al momento, abbiamo davanti dodici episodi in cui dovremo dare il massimo, inventando le trame più interessanti possibili, e la cosa ci metterà a dura prova. Dopo *Lost* ci eravamo ripromessi di sperimentare espedienti narrativi ancora più complicati, quindi faremo del nostro meglio. Se funziona, fantastico, e in caso contrario, almeno avremo puntato su un progetto che, come sceneggiatori, per noi costituiva una sfida impegnativa.»

Riuscire ad aggiudicarsi la partecipazione di Robert Carlyle fu un bel colpaccio. I due autori confessarono che all'inizio non osavano quasi sperarci, e senz'altro la sua presenza magnetica contribuì al successo della serie, ma si dichiararono soddisfatti anche del resto del cast. «La cosa straordinaria di questa serie è che siamo riusciti a ingaggiare proprio gli attori che avevamo in mente fin dall'inizio» spiegò Horowitz. (Con una sola eccezione: avevano offerto la parte della Fata Turchina a Lady Gaga, senza però ottenere risposta.) «Nel nostro mestiere è quasi un miracolo. Abbiamo mandato il copione a Ginnifer Goodwin, a Jennifer Morrison e a Robert Carlyle, accompagnandolo con la stessa domanda: "Ti andrebbe di interpretare questa serie?", e ogni volta che uno di loro rispondeva in modo affermativo, per noi era un'incredibile iniezione di fiducia. L'entusiasmo con cui il cast ha aderito al progetto si avverte nell'episodio pilota. Ogni attore che vedrete sullo schermo ha accettato la parte perché si è appassionato al progetto, o almeno così ci è stato detto, e noi vogliamo crederci. Questo ha generato un'energia incredibile, e a nostra volta ci siamo impegnati a ricambiare, cercando di scrivere ruoli ancora più interessanti.»

Oltre che per gli autori, anche per gli attori costituiva una sfida enorme interpretare personaggi doppi, e ciascuno di loro ne era ben consapevole. «È questo l'aspetto più entusiasmante, sia per noi sia per il cast» dichiarò Horowitz. «La vicenda ci offre l'opportunità di giocare continuamente con la duplicità che accomuna i protagonisti. È divertente. Creando il ruolo di Ginnifer [Goodwin], per esempio, dobbiamo affrontarla sia come Biancaneve sia come Mary Margaret. Abbiamo la possibilità di esplorare sfaccettature diverse dello stesso personaggio.»

L'avventura si prospettava davvero eccitante. «In passato, nessuno si era mai azzardato a mostrare una Biancaneve incinta e armata di spada!» affermò Kitsis in un'intervista a *tvline.com*. «Per nostra fortuna, la ABC non ha sollevato obiezioni.»

Quanti avevano seguito il lavoro precedente dei due autori poterono individuarne la "cifra" nei molti riferimenti a *Lost*. Regina, per esempio, abita al numero civico 108, ricorrente in *Lost*: i sei naufraghi della Oceanic Airlines lasciano l'isola dopo 108 giorni, e il pulsante del portale va premuto ogni 108 minuti. L'orologio del municipio di Storybrooke è fermo sulle otto e quindici, lo stesso numero del volo precipitato in *Lost*. Sull'auto di Emma è incollato un adesivo dei Geronimo Jackson, gruppo rock degli anni Settanta citato in *Lost*, e la Foresta Incantata subisce l'attacco del "mostro del fumo", entità comparsa anche nell'altra serie.

«Damon [Lindelof, co-creatore di *Lost*] è stato il nostro padrino» ammise Kitsis a *tvline.com*. «Il suo nome non è presente nei crediti della serie, ma se ne percepisce l'essenza.»

Com'è ovvio, il concetto stesso della serie permetteva di attingere a un vasto materiale culturale, a cominciare dai personaggi stessi e dalle fiabe di cui sono protagonisti. Così, per esempio, Leroy – in realtà il nano Brontolo – fischietta la melodia *Ehi oh! (Andiamo a lavorar)*, la canzone dei sette nani nella versione di Biancaneve realizzata dalla Disney nel 1937. Il legame tra la serie e il cartone animato era rafforzato anche dalla casa di produzione della prima, la ABC Studios, una sussidiaria della Disney (elemento di importanza vitale, poiché la casa madre ha permesso agli attori di usare il materiale originale dei propri film, senza opporsi alle trovate più innovative, come la gravidanza dell'eroina). Un altro riferimento a un film Disney è il desiderio di Emma affidato "a una stella", come fa Pinocchio nell'omonimo cartone animato del 1940. A esaudirlo interviene la Fata Turchina, in un cameo insieme al Grillo Parlante. E poi compariva l'armadio usato da Biancaneve e dal Principe Azzurro per trasportare la figlia neonata nell'universo parallelo, un chiaro riferimento all'armadio magico attraverso il quale i personaggi della pellicola *Il leone, la strega e l'armadio* passano dal mondo reale a quello magico di Narnia.

Insomma, l'intero progetto rappresentava un'opera di straordinaria originalità, alla quale contribuirono alcune delle migliori menti del settore, e la stragrande maggioranza dei critici se ne innamorò. «Nessuno dei programmi lanciati questo autunno racconta una vicenda altrettanto ambiziosa, e ci auguriamo che la serie riesca a superare alcune piccole sbavature e a realizzare appieno il suo potenziale, evidentissimo nel cast e nelle premesse di trama» disse Rick Porter di *zap2it.com*, citando in particolare le scene interpretate da Jennifer Morrison nel ruolo di Emma Swan, e da Jared Gilmore in quello di suo figlio Henry, di dieci anni. «Nell'universo reale, il compito di far progredire la storia tocca alla Morrison, e per la fortuna del pubblico l'attrice riesce egregiamente nell'impresa, offrendo un'interpretazione solida e convincente che salva dal rischio di un eccesso di surreale. A questo scopo contribuisce anche la sua ottima intesa con Gilmore. [...] Dati il cast e le personalità dietro le scene, siamo quasi certi che *C'era una volta* manterrà le promesse. Diversamente, sarà stata comunque un'idea degna di nota.»

Sul «New York Times», Mike Hale la paragonò alla serie *Grimm*, aggiungendo che, pur con qualche somiglianza, la prima aveva «una premessa più accattivante e personaggi più interessanti». A sua volta sottolineò l'ottima recitazione di Ginnifer Goodwin e di Jennifer Morrison, senza però trattenersi da una stoccata finale: «Alla seconda visione, diventa difficile ignorare il tono da soap opera e il sentimentalismo infantile dell'episodio pilota». Be', in fondo si trattava pur sempre di una fiaba.

Nella sua "pagella", Amy Ratcliffe di «IGN» dava alla serie un 8 su 10 per scelta di attori, livello di recitazione e sceneggiatura; nonostante qualche momento «un po' troppo artefatto», si disse speranzosa che negli episodi a venire il prodotto rimanesse concentrato sulla vicenda più che sugli effetti speciali.

Christine Orlando di *tvfanatic.com* si dichiarò entusiasta, assegnò all'episodio pilota 4,4 stellette su un massimo di 5, definendolo «un magnifico e sorprendente viaggio magico: mi ha conquistata fin dalla prima scena». Apprezzò in particolare Carlyle, «un Tremotino perfetto, da brivido». Di Henry scrisse: «È grintoso, intelligente e dotato della giusta dose di costanza e fede nel fantastico da renderlo credibile. Davvero brillante».

Tirate le somme, fu un trionfo. E il vero trampolino di lancio di Jamie.

7
Il cuore è un cacciatore solitario

Jamie partecipò soltanto alla prima stagione di *C'era una volta*, ma in un ruolo piuttosto centrale. Nel mondo delle fiabe, interpreta un Cacciatore senza nome, allevato dai lupi, con cui stringe un legame profondo e duraturo; il suo "doppio" nel mondo reale allude a *Biancaneve e i sette nani* della Disney visto che si chiama Humbert, proprio come il cacciatore del celebre film d'animazione.

Stranamente, però, in origine il personaggio era stato concepito in modo del tutto diverso, e per l'esattezza nei panni di un celebre detective letterario. «Vi rivelerò un altro elemento interessante» dichiarò Kitsis a *eonline.com*. «Da principio, lo sceriffo era Sherlock Holmes. L'idea era di crearlo come un investigatore condannato a ritrovarsi a morire di noia in una città senza alcun mistero da risolvere. Ma sorse un problema con i diritti, e non riuscimmo a ottenere l'autorizzazione a usare il "marchio" Holmes. Poi ora va così forte lo *Sherlock* della BBC, quindi meglio così: sarebbe stata dura competere. Vedrete uno Sherlock in *C'era una volta* solo nel caso in cui Benedict Cumberbatch decida di unirsi a noi.»

Coincidenza volle che alle audizioni di *The Fall*, due

anni dopo, Jamie si presentasse proprio per una parte da investigatore, salvo poi aggiudicarsi quella ben più sostanziosa del protagonista Paul Spector.

Quando gli si offrì l'occasione del Cacciatore in *C'era una volta*, Jamie si entusiasmò immediatamente al progetto. Ormai aveva fatto notevoli progressi come attore, e cominciava a rendersi conto della quantità di spazzatura in circolazione: quando capitava un'offerta interessante, bisognava coglierla al volo. «Avevo passato al setaccio i vari copioni pilota delle nuove serie per la stagione autunnale, ed erano quasi tutte idiozie» confidò a *eonline.com*. «Storie ripetitive, già viste mille volte. *C'era una volta* era l'eccezione. Ne parlavano tutti, i miei agenti ne andavano matti, e avevo ottime possibilità di ottenere la parte.» L'idea di base della serie era davvero originale, il che non accade spesso in un'industria che, appena individua una formula di successo, tende a riproporla all'infinito.

Jamie era peraltro ansioso di lavorare con Horowitz e Kitsis. «Quando ci sono di mezzo quei due, puoi star sicuro che il progetto è interessante» osservò. «Io ero un fan sfegatato di *Lost*, quindi li conoscevo bene. In una qualsiasi serie tv, non hai la garanzia che il progetto funzioni, ma in questo caso era diverso: sapevo che la storia avrebbe appassionato il pubblico, perché non esiste persona al mondo che non ami le fiabe.» A giudicare da quelle dichiarazioni, sembrava che sperasse in un ingaggio a lungo termine, anche se in seguito affermò di aver saputo fin dal principio cosa sarebbe accaduto al suo personaggio. A ogni modo, era un'occasione d'oro. Un programma di prima serata lo avrebbe portato in ogni casa americana, offrendogli un'opportunità davvero unica di mettersi in luce. E lui era deciso a dare il massimo.

Alla sua prima apparizione nella serie, nel ruolo dello sceriffo di Storybrooke, il copione non rivelava chi fosse la sua controparte nel mondo delle favole. «È un'ottima trovata per tenere vivo l'interesse degli spettatori, e per me è fantastico essere il fulcro di quella suspense. Credo che i fan apprezzeranno l'idea di un personaggio un po' più originale degli altri, e controverso.» La vaghezza intenzionale sui dettagli dava a Humbert un'aura quasi mitica.

Come sempre nel suo lavoro, Dornan aveva studiato approfonditamente il personaggio che avrebbe dovuto interpretare, riflettendo su quali potessero essere le caratteristiche di maggiore interesse per gli spettatori ed eviscerando ogni suo aspetto. Per esempio il suo rapporto con Emma e le complicazioni generate dalla sua relazione con Regina. «L'intesa tra Emma e lo sceriffo è molto profonda. Con lei, Humbert ha un legame diverso rispetto a quello che ha con qualsiasi altro personaggio della vicenda. Gli abitanti di Storybrooke sono bloccati nel presente, per questo Emma accende il suo interesse, perché gli offre la possibilità di scoprire di più sul suo passato e non solo. La sua attrazione per lei è sincera; l'incontro con la donna lo induce per la prima volta a interrogarsi sul suo rapporto con Regina, a domandarsi perché stia con lei, a ponderare invece che agire d'impulso. Sente il bisogno di provare sentimenti autentici, ed Emma è la sua chance di realizzare quel desiderio.»

E Regina? «Storybrooke è un mondo chiuso in se stesso, quindi offre una scelta limitata in termini di relazioni sentimentali» disse Jamie, in uno dei rari casi di scarso tatto nei confronti di una sua partner sullo schermo. Forse era stufo di rispondere alle continue domande su di lei. «Devi accontentarti. E in fondo Regina è single, è il sindaco della città, una donna autorevole e attraente.» Nonché il perno intorno al quale ruotava l'intera vicenda, di conseguenza la relazione con lei dava maggiore risalto allo sceriffo.

Ma veniamo alla trama vera e propria. Nel paese delle fiabe, Regina individua nel Cacciatore l'uomo giusto per liquidare Biancaneve, e lo assolda come sicario. All'ultimo minuto, però, lui si tira indietro e consegna alla perfida donna il cuore di un cervo al posto di quello della vittima designata. Regina reagisce maluccio: strappa il cuore dal petto del sicario mancato e lo custodisce nel suo forziere, riducendo così il Cacciatore a suo schiavo. In seguito, il personaggio di Jamie salva la vita al Principe Azzurro e lo aiuta a fuggire nel mondo reale, ma si rifiuta di salvare se stesso: ha rinunciato al proprio cuore, dichiara, e non vuole che quel sacrificio sia stato invano.

La storia conquistò Jamie. «Il secondo episodio è ricchissimo di sviluppi che riguardano Regina perché, come con *Lost*, gli autori avviano la vicenda dedicando quasi un'intera puntata a ciascun personaggio» riferì a *eonline.com*. «In questo modo gli spettatori hanno un assaggio dei vari retroscena e delle vicende che li hanno portati al punto in cui si trovano. Il secondo episodio si concentra soprattutto su Regina come sindaco di Storybrooke e come malevola sovrana nel mondo delle fiabe, quindi per me è molto emozionante. Il mio ruolo comprende parecchi aspetti divertenti. Per la prima volta, il sindaco mostrerà qualche debolezza. L'intreccio è costruito su più livelli, e i protagonisti strutturati con un'abilità incredibile, studiati in modo estremamente meticoloso. Ogni avvenimento ha una causa pregressa e corrisponde a un evento accaduto nell'universo delle fiabe. È un'impresa molto complessa per un attore, ma anche divertentissima... Non posso rivelare troppo del Cacciatore. Essenzialmente, lo sceriffo e la sua controparte sono uguali. Insomma, è una sfida notevole, ma è proprio questo il bello: un giorno interpreti la parte di un uomo normale e quello dopo sei nel mondo delle fiabe. È pazzesco, fichissimo.»

A Storybrooke, Jamie è Graham Humbert, rappresentante della legge. Nelle prime puntate sta dalla parte dei cattivi e aiuta il sindaco, sua amante segreta, a impedire la fuga di Owen e Kurt Flynn dalla città. L'arrivo di Emma Swan, però, ribalta gli schieramenti: Graham comincia a ritrovare la memoria e, alla sorprendente scoperta di non avere un cuore, decide di troncare il rapporto con Regina e iniziare una relazione con Emma. Grazie a lei, ricostruisce per intero il proprio passato, ma a quel punto la perfida sovrana distrugge il suo cuore e lui muore.

Il pubblico restò scioccato. Che razza di idea, eliminare proprio il bellissimo Cacciatore! Quali sarebbero state, poi, le conseguenze per la carriera di Jamie negli Stati Uniti?

Lui assicurò ai suoi fan di essere stato informato fin da subito della morte del suo personaggio, e che quindi il colpo di scena non lo aveva affatto colto alla sprovvista. «L'ho sempre saputo» dichiarò al canale televisivo E! Entertainment subito dopo la messa in onda della puntata in questione. Vero o no, gli dispiaceva parecchio interrompere la partecipazione alla serie. «Me lo comunicarono appena partì la lavorazione sul set. Io ero stato scritturato fin dalla messa in onda dell'episodio pilota e nel periodo di attesa per sapere se la rete avrebbe acquistato la serie. A essere sincero, però, all'epoca non ero ancora a conoscenza della fine di Humbert, quindi ammetto che in un primo tempo la notizia mi ha un po' scioccato. Però sarei comparso in moltissimi episodi, quindi valeva comunque la pena di entrare nel progetto.»

A mano a mano che parlava, la delusione veniva a galla. Stava imparando sulla sua pelle una delle prime lezioni sul mondo dello spettacolo: la convivenza sul set crea legami molto profondi, ma poi l'ingaggio finisce, e le amicizie pure. Devi lasciartele alle spalle, e in molti casi è dura, a maggior ragione quando vieni escluso da una serie cui pensavi di partecipare a lungo, e che invece continua senza di te.

«È stata un'esperienza strana, perché mi ero davvero legato a quelle persone. Abbiamo vissuto a strettissimo contatto per quattro mesi di fila, e siamo diventati veri amici. Sapere quindi in anticipo il momento in cui sarebbe avvenuto il distacco, e vederlo avvicinarsi di episodio in episodio, è stato molto penoso. Ovviamente cerchi di fartene una ragione. Non sono sicuro che sia l'ultima volta in cui mi vedrete nella serie, ma di certo non apparirò più nei panni dello sceriffo Graham.»

Dunque esisteva l'eventualità di un ritorno? In effetti, il suo personaggio era morto solo a Storybrooke, non nel mondo delle fiabe, e quindi era possibilissimo che, in una forma o nell'altra, si riaffacciasse, eventualità nella quale Jamie sperava molto. Fu esaudito: nella seconda stagione ci fu una breve sequenza di flashback. In seguito, la sua stella sarebbe ascesa al punto che sarebbero stati i produttori a esprimere apertamente il desiderio di riaverlo anche nella terza stagione, ma a quel punto furono gli impegni di Jamie a renderlo impossibile.

In ogni caso, la morte dello sceriffo Graham fu dibattutissima sui media e tra il pubblico, e se non altro mise il suo interprete al centro dell'attenzione. A suscitare tanto interesse non fu soltanto la scomparsa di un personaggio, ma il modo originale in cui veniva ucciso. «È un momento piuttosto raccapricciante, ma anche molto bello» commentò lui. Avendo all'attivo un film di zombie, parlava con cognizione di causa. «Non capita spesso che un personaggio muoia in quel modo. Di sicuro meglio di una fucilata nel sedere o fesserie del genere. Se proprio doveva succedere, almeno è uscito di scena con il botto.» Volle precisare anche che far morire un personaggio tanto popolare era un ottimo espediente per dimostrare la gravità della maledizione scagliata sulla Foresta Incantata.

Per lui l'uscita dal cast segnò comunque l'inizio di un periodo di grandi incertezze. La sua celebrità aveva ricevuto un impulso enorme, e la parte ottenuta aveva provato il suo talento di attore. In realtà, chiunque l'avesse già visto recitare lo sapeva da un pezzo, ma i suoi cortometraggi non avevano conquistato un pubblico così vasto, e l'apparizione in *Marie Antoinette* era stata molto breve. In troppi lo conoscevano ancora soltanto come il modello ex fidanzato di Keira Knightley, veste che gli stava sempre più stretta. Tuttavia prese commiato dalla serie in un turbine di chiacchiere su quanto fosse scontento dello sviluppo e sui parecchi dubbi in merito al futuro: chissà se sarebbe tornato a fare il modello a tempo pieno o se si sarebbe aggiudicato un altro ruolo in un'importante serie tv. E poi, sarebbe mai riuscito a confutare il pregiudizio che lo considerava solamente un bel faccino?

Jamie affrontava quei pettegolezzi con grande coraggio, senza però riuscire a zittire le voci sulla sua contrarietà alla morte prematura dello sceriffo in *C'era una volta*. Scherzò sul proprio ritorno a Londra «con cinque anni di anticipo», e confessò di aver ridotto di proposito i propri interventi su Twitter per non rivelare troppo di quanto stava accadendo nella serie. Le risposte delle persone coinvolte su un'eventuale apparizione nella seconda stagione furono contraddittorie. Da principio Ed Kitsis non sembrava convinto. «Riportarlo in vita sarebbe in contrasto con la continuità di trama. Una pessima idea, dal nostro punto di vista.» Al tempo stesso, però, le proteste dei fan e il clamore a favore di un suo rientro non si potevano ignorare. Che fare?

Le voci sulla sua delusione non si placavano. «Jamie è noto soprattutto come l'ex di una bella attrice inglese» dichiarò una fonte al «Daily Mirror». «A lui però non interessa ridursi alla figura di fusto al fianco di Keira Knightley. Con *C'era una volta* si era conquistato un vasto seguito, ed è stata dura dover rinunciare.»

L'episodio della seconda stagione in cui fece la sua riapparizione era intitolato *Benvenuti a Storybrooke* ed era ambientato ventotto anni prima, nel giorno in cui si era compiuta la maledizione. Jamie si divertì moltissimo a interpretarlo e fu ben felice di rivedere gli amici del cast e lavorare di nuovo sul set che lo aveva reso visibile agli occhi del grande pubblico. «La Storybrooke del passato è pressoché identica a quella attuale» disse a *hollywoodreporter.com*. «È il primo giorno della maledizione, quindi da quel momento in poi le cose non cambiano più, ma i produttori hanno inserito alcuni riferimenti molto astuti per indicare che l'azione accade a oltre due decenni di distanza, per esempio la musica in sottofondo in casa della nonna. È affascinante apprendere come, fin dal primo giorno, Regina eserciti un controllo assoluto sull'intera cittadinanza, e in particolare su Graham.»

Gli spettatori poterono assistere all'inizio della grande storia d'amore destinata a una fine tanto sciagurata, e ancora una volta Jamie fu pronto a commentare. «Nella prima stagione, assistiamo allo strapotere di Regina su Graham, un condizionamento che, fino a un certo punto, le permette di ottenere da lui tutto ciò che vuole. Adesso, però, seguendo la nascita della vicenda, abbiamo la misura esatta di quel potere, comprendiamo la facilità con cui lei riesce a manipolarlo. È triste e tragico vedere che una persona viene sfruttata in quel modo, manovrata come un burattino. In questo episodio Regina esprime al massimo livello la sua malvagità e prepotenza. Il povero sceriffo obbedisce e basta, mancandogli la consapevolezza necessaria a opporsi. Provavo molta pietà per lui, ma credo che per il pubblico sia interessante essere messo a parte di un tale grado di manipolazione fin dall'origine.»

E lui fu ben contento di rivestirne i panni. «Dalla lavorazione dell'episodio pilota sono passati quasi due anni esatti, e durante la mia partecipazione alla serie ho avuto la possibilità di approfondire i rapporti con il cast e la troupe: rimettere piede sul set è stato come tornare a casa. Mi sono reinserito nella maniera più naturale, ed è stata un'esperienza bellissima. Al momento di appendere al chiodo la giacca di pelle di Graham credevo che non l'avrei indossata mai più, e invece, come d'incanto, rieccomi in *C'era una volta*. È stata una splendida esperienza.»

In un certo senso, l'episodio gli permise di dare davvero l'addio al personaggio e a quella parte della sua carriera, attenuando la sofferenza del distacco. Per di più, essere richiamato gli diede la speranza di vedere ancora il Cacciatore-sceriffo nella serie, sia pure soltanto in altri flashback.

La notizia che, per quanto "morto" nella serie, lo sceriffo era tenuto in vita dai fan fu poi un chiaro pronostico della popolarità futura. «È molto lusinghiero» commentò lui, con modestia. «Fa sempre piacere ricevere dimostrazioni di affetto dai fan. Sono loro a reggere lo spettacolo e hanno un'importanza vitale in ogni aspetto di *C'era una volta*. Averli dalla mia è molto positivo, ma il merito è soprattutto degli autori, che hanno creato un personaggio interessante quanto Graham. Comunque è stato bello vedere la reazione del pubblico all'episodio della sua morte, la preoccupazione... [Ride.] Con questo, non mi sembra il caso di rivolgersi all'FBI.»

Jamie si era conquistato un seguito fin dal suo debutto come modello, ma ora cominciava ad attirare l'attenzione tipicamente riservata alle grandi star. Da principio in maniera graduale, in seguito, a ogni annuncio di un suo ingaggio importante, il numero dei suoi ammiratori aumentava in modo esponenziale. Avendo visto con i propri occhi Keira soffocata dalla calca di fan, Jamie si mostrava abbastanza cauto. Ma anche questo aspetto faceva parte del mestiere. Non restava che abituarsi.

Nel mentre, tornò a dedicarsi alla moda. Non avrebbe avuto senso rinunciare a un lavoro tanto redditizio. Il pubblico restò a bocca aperta all'uscita della nuova campagna per Calvin Klein che lo ritraeva seminudo mentre lottava con una supermodella russa. Le foto fecero scandalo ma lui reagì con perfetto aplomb. «Calvin Klein punta a essere controverso e se la gente organizza manifestazioni di protesta sotto un cartellone in cui Natalia Vodianova mi azzanna una natica, per loro è una vittoria, perché genera attenzione. Comunque mi auguro che questo sia quanto di più vicino al porno io sia destinato a fare.» In ogni caso, ormai era abituato a fare scalpore. Qualcosa di analogo era accaduto con la campagna di alcuni anni prima, al fianco di Eva Mendes.

Era un'altra contraddizione tipica della sua vita: sebbene sminuisse spesso il suo lavoro di indossatore, dichiarandolo poco importante, i compensi erano tali da rendere difficile rinunciarvi. Il suo vero obiettivo era tuttavia essere preso sul serio come attore, ed era stanco di sentirsi descritto come un "fusto" (per di più associato al nome di Keira Knightley). Intendeva dimostrare di valere ben più del suo aspetto fisico. Però quando ti propongono una campagna pubblicitaria ai compensi stellari che ormai gli venivano riservati, ci pensi due volte prima di rifiutarla. Così, pur perseguendo la carriera di attore, posò ancora per i servizi fotografici. I due binari sarebbero proseguiti in parallelo ancora a lungo.

Intanto, continuavano anche le infinite congetture sulla sua vita amorosa, ma dietro le quinte si stava svolgendo una storia ben diversa. Da qualche tempo, ormai, Jamie lasciava intendere di avere una relazione, e anche piuttosto seria; essendo solo agli inizi, però, voleva essere certo che il rapporto reggesse a distanza, prima di spendersi in annunci ufficiali. Proprio il tempo provò che era davvero un amore destinato a durare e finalmente la nuova fidanzata fu presentata: era Amelia Warner, cantautrice della Island Records, nota con lo pseudonimo di Slow Moving Millie, affibbiatole dagli amici per la lentezza con cui aveva avviato la sua carriera musicale. Per l'invidia delle fan di tutto il mondo, Amelia sarebbe presto diventata la signora Dornan.

8
Slow Moving Millie

Amelia Catherine Bennett era nata il 4 giugno del 1982 a Merseyside, da una famiglia di artisti di teatro. I genitori, Annette Ekblom e Alun Lewis, erano entrambi attori, come anche lo zio, Hywel Bennett. Aveva quattro anni quando, dopo il divorzio, la madre la portò a vivere con sé a Londra, dove la bambina frequentò prima la Royal Masonic School for Girls, poi il College of Fine Arts. Come il suo futuro marito, si appassionò alla recitazione fin da piccola; grazie a uno spettacolo scritto e allestito con un gruppo di amici al Covent Garden di Londra, si fece notare da un talent scout e fu ammessa al Royal Court Theatre.

Con i suoi capelli neri e i tratti mascolini, somigliava vagamente a Keira e, come lei, era dotata di una personalità piuttosto forte. «Ho sempre pensato che il ruolo che si interpreta da bambini nello spettacolo natalizio della scuola riveli chi sarai nella vita» disse in un'occasione al «Guardian». «A quattro anni, recitai nella parte di Maria, ma nella mia versione non si trattava di un personaggio dolce ed etereo. Già allora ero una carognetta prepotente. A metà dello spettacolo, interruppi la rappresentazione per protestare che Giuseppe stava sbagliando tutte le battute. Sono fatta così. E la mia migliore amica è furibonda ancora oggi per non aver mai avuto quella parte. Provate a fare un sondaggio. Quasi tutti vi diranno di aver vestito i panni dell'arcangelo Gabriele, o del pastore. Sembra che Maria o Giuseppe non li abbia mai fatti nessuno. Insomma, è un'esperienza che ti segna.»

Dopo il debutto nella serie televisiva *Kavanagh QC*, nel 1998, seguirono ingaggi in *Casualty*, *Aristocrats*, nella pellicola *Mansfield Park* e nel film per la tv *Don Quixote*. In *Waking the Dead*, serie televisiva del 2000, era Jodie Whitemoor, la vittima di un sequestro.

Amelia non era soltanto una ragazza carina. Diplomata con ottimi voti, ottenne un posto alla facoltà di storia del Goldsmith College di Londra, ma poi preferì concentrarsi sulla carriera di attrice. Apparve anche in un adattamento del romanzo di Kingsley Amis *Take a Girl Like You*, la storia dell'insegnante donnaiolo Patrick Standish, ma fu criticata perché troppo bella per il ruolo.

«Ieri sera l'oggetto della seduzione di Patrick Standish è stata Sheila, figlia minorenne del preside della scuola. Come commenta lo stesso professore, le credenziali principali della ragazzina per qualificarsi alle sue attenzioni sessuali consistevano nell'"essere disponibile e a portata di mano". Ma dal punto di vista dello spettatore era impossibile non notare che la giovane Sheila (Amelia Warner) era anche bellissima, una qualità che guastava il concetto di base della trama, ovvero che Patrick fosse un personaggio talmente debole e superficiale da portarsi a letto chiunque, comprese le donne che non trova attraenti.»

La sorte cominciò a girare nel verso giusto nel 2000, quando fu scritturata per il ruolo eponimo in *Lorna Doone*, sceneggiato in due puntate realizzato dalla BBC (andato poi in onda nel 2001) sulle vicissitudini di due amanti infelici. Il contadino John Ridd (Richard Coyle) vive con la famiglia nell'Exmoor e si trova coinvolto in una faida con i Doone, aristocratici e fuorilegge, fino all'incontro con la bellissima Lorna, già promessa al proprio cugino, la canaglia Carver Doone. La premessa dà l'avvio a una gran quantità di conflitti. Quell'anno, la miniserie fu la trasmissione di maggior rilievo della stagione televisiva e annoverò parecchi nomi di spicco, come Aidan Gillen nei panni di Carver, Martin Jarvis, Barbara Flynn e Michael Kitchen.

La giovane attrice comparve anche in *Quills – La penna dello scandalo* nel ruolo di Simone, la moglie-bambina del dottor Royer-Collard, il medico del marchese de Sade interpretato da Michael Caine. Il film, che aveva come protagonisti Geoffrey Rush e Kate Winslet, suscitò un certo scalpore: narrava infatti gli ultimi giorni di vita del marchese ed era ambientato in un manicomio. A soli diciassette anni – dovette aspettare la maggiore età per vedere la pellicola – Amelia era già considerata come la nuova promessa della sua generazione. Era giovane, ma dimostrava una maturità superiore ai suoi anni. «Credo che certe scene siano state ben più problematiche per Michael Caine che per me» affermò al «Sunday Mail» a proposito del suo co-protagonista che – data la giovane età della consorte nella finzione – si macchiava in sostanza di un abuso sessuale. «Io non dovevo fare altro che restarmene sdraiata con un'espressione sofferente e sconvolta, e mi è venuto spontaneo, perché si trattava di una situazione davvero spaventosa. Per lui, invece, dev'essere stata dura. È un padre di famiglia, e persino la figlia minore è più grande di me.»

Neppure la prospettiva di recitare con una star leggendaria come Michael Caine sembrò turbarla. «Quando abbiamo cominciato la lavorazione di *Quills*, lo conoscevo solo per la sua parte nello *Squalo IV*» disse al «Times». «A essere sincera, ero molto più emozionata di ritrovarmi sullo stesso set di Kate Winslet. Poi i miei amici mi hanno spiegato quanto fosse celebre e mi hanno procurato le videocassette di *Carter*, *Hannah e le sue sorelle* e *Un colpo all'italiana*. Vederlo in azione è stata un'esperienza affascinante. Dà l'impressione di essere un attore immediato, ma in realtà si prepara molto per le sue interpretazioni. Con me ha avuto un atteggiamento paterno, mi ha presa subito sotto la sua ala. Alcune nostre scene erano davvero raccapriccianti, e lui ha fatto l'impossibile per rendermele più tollerabili.»

Nel complesso, il film ottenne recensioni piuttosto buone. «Il manicomio è in subbuglio» scrisse Henry Fitzherbert sul «Sunday Express». «I pazienti allungano le mani, l'addetta alla lavanderia legge libri porno al personale, persino il prete avverte un certo prurito. D'altronde, la storia riguarda il marchese de Sade, il diabolico aristocratico francese che trascorse gli ultimi dieci anni della sua vita rinchiuso insieme a un'accozzaglia di matti.»

Per dovere di cronaca, il «Daily Record» si dichiarò meno entusiasta. «De Sade è stato accusato di essere un depravato, un maniaco sessuale e un pessimo scrittore, ma con tutta la sua crudezza e crudeltà forse non meri-

Jamie Dornan è arrivato al successo nella moda, come indossatore di intimo e abbigliamento maschile nelle campagne pubblicitarie, tra gli altri, di Calvin Klein, Dior e Armani.

Da modello affermato, Jamie ha cominciato a frequentare le star più note dello *showbiz.*

Il “torso d’oro” di Jamie.

Jamie è stato legato sentimentalmente a diverse affascinanti attrici, tra cui Mischa Barton (*in alto a sinistra*) e Sienna Miller (*in alto a destra*). È stato il compagno di Keira Knightley dal 2003 al 2005.

Jamie ha trovato il vero amore con l'attrice e cantautrice Amelia Warner: la sua Anastasia nella vita reale.

La coppia si è sposata nel 2013 e dalla loro unione è nata una bambina.

L'esordio di Jamie sul grande schermo è avvenuto interpretando il conte Hans Axel von Fersen in *Marie Antoinette*, con Kirsten Dunst nel ruolo della protagonista.

Jamie alla première di *Marie Antoinette*.

Jamie sfodera il suo caratteristico sguardo assorto durante un servizio fotografico a New York.

Dopo la parte in *Marie Antoinette*, Jamie è stato scritturato in progetti sempre più importanti.
Qui lo vediamo nei panni del misterioso sceriffo Graham Humbert in *C'era una volta*, la serie televisiva della ABC.

Jamie esplora il suo lato oscuro recitando la parte del serial killer Paul Spector nella serie drammatica *The Fall.*

Un astro nascente: Dornan riceve il premio come Miglior attore agli Irish Film and Television Awards del 2014 per la sua acclamatissima performance in *The Fall.*

Elegantissimo ai «GQ» Awards, dove ha ricevuto il premio Vertu Breakthrough Artist, un nuovo riconoscimento alla sua sempre più promettente carriera.

I produttori hanno ingaggiato Jamie non solo per il suo talento e la sua avvenenza, ma anche per la chimica bollente con la co-protagonista Dakota Johnson.

Le fan hanno accolto con entusiasmo la notizia che sarebbe stato Jamie a interpretare Christian Grey dopo la plateale rinuncia di Charlie Hunnam al ruolo di protagonista.

Dopo aver firmato per *Cinquanta sfumature di Grigio*, Jamie non si è adagiato sugli allori. Anzi, ha recitato in diversi progetti televisivi e cinematografici, incluso *New Worlds* di Channel 4.

Ammalia il pubblico britannico al *Graham Norton Show*.

Jamie comincia a calarsi nella parte dell'enigmatico Christian Grey sul set di *Cinquanta sfumature di Grigio*.

Il ragazzo "normale" dell'Irlanda del Nord che sognava le luci della ribalta è riuscito nel suo intento. Ora la sua vita non sarà mai più la stessa.

La carriera di modello, favorita dalla naturalezza di Jamie davanti all'obiettivo, è stata un'ottima palestra per i futuri progetti televisivi e cinematografici.

Ed ecco a voi il signor Grey: Jamie Dornan nei panni dell'affascinante milionario ossessionato dal bondage.

tava una biografia tanto sopra le righe. Come se non bastasse, lo spregevole Royer-Collard è persino più sadico di lui e, diversamente dal marchese, non limita i propri atti osceni alla letteratura. Prima di assumere l'incarico in manicomio, il buon dottore prende in moglie una bambina (Amelia Warner), la imprigiona nel proprio castello e la riduce a una sottomissione assoluta.» Insomma, il ruolo era piuttosto scabroso, ma di certo la giovane attrice si era fatta notare.

Da stella nascente, fu convocata come presentatrice alla cerimonia di consegna dei premi cinematografici dell'«Evening Standard», e subito dopo si trasferì a Los Angeles, città che in futuro avrebbe imparato a odiare, ma che in quei primi giorni febbrili le sembrò un sogno divenuto realtà. «Mi sto divertendo moltissimo» ammise al «Times». «La prima settimana è stata assurda, le abitudini di Hollywood mi erano del tutto sconosciute: le montagne di vestiti inviati in omaggio dagli stilisti, le auto con autista che ti accompagnano al ristorante... Uno spasso. L'ambiente di Los Angeles è considerato frivolo e superficiale, ma io ho incontrato persone adorabili e alla mano, piene di un'energia e di un'ambizione contagiose. Ho ricevuto qualche offerta di nuovi copioni, ma non mi va di interpretare la solita adolescente scema in qualche commediola.»

Tornò sull'argomento in un'intervista al «Guardian». «Preferisco tenere un profilo basso e recitare in film di qualità. Devo essere cauta; non voglio cambiare vita, non mi interessa diventare una star. Rabbrividisco quando sento dire: "Da grande voglio fare l'attrice!". Forse è una cattiveria da parte mia, ma io mi sarei vergognata di coltivare o confessare un'ambizione simile.

E comunque non era il mio sogno, in questo ambiente ci sono capitata per caso. A quel punto mi sono detta: "Okay, facciamo almeno un tentativo, e vediamo come va".» In questo si distingueva da Jamie, che da sempre puntava al cinema. Come lui, però, temeva i risvolti negativi della celebrità. E con cognizione di causa.

Per un anno, infatti, era stata la fidanzata di un uomo molto più famoso, l'attore Colin Farrell, conosciuto proprio a Los Angeles. La relazione durò meno di quella di Jamie con Keira, un anno appena, ma pareva essere davvero seria. Dopo il primo incontro, i due cominciarono a presentarsi in pubblico insieme, finendo subito sotto i riflettori: Colin era a un passo da una carriera hollywoodiana di grande notorietà, e come tale attirava di suo l'attenzione dei media; Amelia, fresca dei trionfi di *Lorna Doone* e *Quills*, sembrava a sua volta proiettata verso un grande futuro. Per un breve periodo furono una delle coppie più *hot* di Hollywood, sia sul fronte personale sia su quello professionale.

«Ci siamo conosciuti poco prima dell'uscita di *Quills*, e posso dirvi il momento esatto in cui mi sono innamorato di lei» rivelò Colin, già ribattezzato "il Brad Pitt irlandese", al «Daily Express» dopo la separazione. «Che Amelia sia bellissima è evidente, ma persi davvero la testa per lei alla prima del suo film. Eravamo sul *red carpet*; io mi ero tenuto in disparte, perché la serata non era in mio onore, ma spettava a lei stare al centro della scena. Avanzò, vide i riflettori, i flash dei fotografi e si girò a chiedermi aiuto, con uno sguardo irresistibile e tendendomi la mano. Fu quello il momento: mi colpì dritto al cuore. Il resto è accaduto tutto troppo in fretta, eravamo troppo giovani.» In seguito anche l'attrice avrebbe dichiarato che la loro relazione era stata prematura.

Forse per lo stesso motivo, la notizia del loro impulsivo matrimonio, nell'agosto del 2001, sciocccò il pubblico. Lei aveva appena diciannove anni, lui venticinque. Si trovavano in vacanza nel Pacifico e presero la decisione di punto in bianco. «Eravamo a Bora Bora, nella Polinesia francese, e abbiamo chiesto al prete locale di accompagnarci su un'isola» spiegò Colin al «Mirror». Non si poteva negare che fossero una splendida coppia e Annette, la madre di Amelia, fu entusiasta della notizia, come si apprese dal medesimo giornale. «È magnifico che si siano incontrati. Voglio molto bene a Colin, e per me è un sollievo sapere che Millie ha trovato un uomo affidabile e capace di occuparsi di lei. Sono giovani ma, al contrario dei ragazzi della loro età, sono pronti a impegnarsi davvero. E a mia figlia non è toccato baciare molti rospi prima di trovare il suo principe!» Aveva parlato troppo presto.

Farrell stava scalando velocemente la classifica degli attori hollywoodiani più richiesti, già in grado di esigere cachet milionari per ogni apparizione. Nel contempo, però, cominciava anche a farsi una reputazione di ribelle: non si faceva scrupoli a esprimersi con parolacce nelle interviste e dava l'impressione che il ruolo del marito gli stesse un po' stretto. Eppure l'annuncio della separazione dalla giovane consorte nel febbraio del 2002, ad appena sei mesi dalle nozze, fu comunque uno shock. «So che, tra attori, alcune relazioni vanno a catafascio per le tentazioni tipiche del mestiere, ma nel nostro caso non è andata così» spiegò Colin al «Sunday Mirror». «L'ambiente non ha condizionato il nostro matrimonio, e io non ho avuto altre storie, né prima né adesso.»

Nessuno dei due aveva una gran voglia di parlarne, ma la verità è che ne uscirono entrambi provati. Non si era trattato di una relazione lunga ma di certo era stata molto intensa, e impiegarono parecchio tempo a lasciarsela alle spalle. «Ho chiuso con l'amore. Ci sono passato e non voglio più saperne. Mi prendo una pausa, chissà, forse mi farò prete» fu il commento di Colin, desolato.

Non restava che ufficializzare il divorzio. Ma poi risultò che non era necessario, perché il matrimonio non era mai stato valido dal punto di vista legale. All'epoca nessuno dei due se n'era reso conto, e per loro fu una brutta sorpresa, anche se, in anni più recenti, la Warner ha sminuito l'intera faccenda come un episodio imbarazzante.

«Non eravamo davvero marito e moglie, non nel senso proprio del termine» affermò al «Sun» anni dopo. «Se non lo abbiamo mai ammesso è stato per buona educazione. Una cerimonia improvvisata su una spiaggia di Tahiti non poteva essere vincolante dal punto di vista legale, e noi lo sapevamo benissimo. Si trattò di un'esperienza vacanziera. Non ci siamo sposati in segreto, con una cerimonia per pochi intimi o roba del genere. È stato bello e molto dolce, ma era una sciocchezza. Nemmeno mia madre prese sul serio quel rito. Ciò detto, la nostra è stata comunque una relazione molto intensa e passionale, e quando è finita ci ha spezzato il cuore.»

Intorno al 2005, la carriera di attrice di Amelia cominciò a segnare il passo. A dispetto del talento e della bellezza, e com'è capitato a innumerevoli altre giovani promesse, non riuscì mai a imporsi davvero, e le toccò sperimentare sulla propria pelle un altro risvolto negativo della celebrità: le conseguenze di una carriera che attraversa un periodo di stallo. Per quanto lavorasse sempre meno, la stampa continuava a parlare di lei, ma sempre e solo in riferimento alla sua vita personale. Ogni volta che il suo ex veniva fotografato con una nuova fiamma (evento piuttosto frequente, all'epoca), le riviste menzionavano la Warner e il loro breve "matrimonio", e lo stesso quando l'ennesima ragazza dell'artista irlandese si ritrovò incinta. Dato il comportamento riottoso della nuova stella hollywoodiana, i giornali erano zeppi di resoconti sui suoi exploit e per lei non dev'essere stato facile vederli nero su bianco. Così come Jamie si vide ridotto per anni a semplice ex di Keira, anche la futura signora Dornan dovette sopportare il medesimo trattamento. Di Farrell si cominciò a dire che soffrisse di dipendenza dal sesso e veniva regolarmente citato nelle classifiche degli attori più sexy. Era molto cambiato dai tempi del ragazzo sulla spiaggia di Tahiti.

«Il Colin di oggi è diverso da quello che conoscevo» annunciò lei al «Sunday Mirror», nel periodo in cui le avventure del suo ex campeggiavano su tutti i giornali. «Per questo non mi sembra giusto parlare del nostro rapporto. È come se fosse un'altra persona. Volente o nolente, dà un'impressione diversa di sé, e a essere sincera lo preferivo com'era prima.»

Gli si attribuì perfino un flirt con Britney Spears, e alcuni "amici" riferirono che, a detta di Amelia, Farrell fosse incapace di mettere la testa a posto. Può darsi, ma restava innegabile che lei era stata senz'altro la donna più importante nel suo lungo elenco di conquiste. «Ci siamo innamorati a prima vista, ci siamo sposati e abbiamo smesso di amarci in modo altrettanto improvviso» dichiarò lui stesso al «Daily Star». «È andata così, una storia semplice e complicata, leggera e spontanea. Siamo andati in vacanza, e già che c'eravamo abbiamo deciso di celebrare le nozze. L'idea era di prendere due piccioni con una fava. Invece di scambiarci i voti nella cappella di Elvis a Las Vegas, eravamo a Tahiti e ci siamo sposati su una spiaggia. Ci siamo divertiti come matti. Se sia stato giusto o sbagliato spetta a me deciderlo, è una cosa che riguarda soltanto me. E anche sapendo com'è andata a finire, sarei pronto a rifare tutto da capo.»

Anche la giovane attrice la vedeva allo stesso modo. «Eravamo a Tahiti, siamo andati al banco della reception e abbiamo prenotato lo sci d'acqua, la visita agli squali e... una cerimonia di nozze» disse in un'intervista al «Sunday Mirror», nel 2004. «Gli addetti alla reception ci hanno risposto: "Benissimo. Fissiamo gli squali per il lunedì e lo sci d'acqua il martedì. Le nozze potremmo infilarle il mercoledì". La cerimonia non aveva valore legale, era un gesto simbolico, soltanto per noi due. Io lo amavo alla follia, e il periodo trascorso con lui è stato il più straordinario della mia vita. È stato un compagno fantastico. Siamo rimasti insieme poco più di un anno, ma in quel tempo avremo passato al massimo due giorni l'uno lontano dall'altra. Non ci siamo separati perché Colin ha fatto qualcosa di male; eravamo soltanto troppo giovani. Lui aveva i suoi impegni, io i miei, e non ha funzionato. È andata così, ed è stato proprio un peccato.»

Nel frattempo, la carriera di Amelia si era assestata

su un livello inferiore rispetto al passato. Le capitava ancora qualche ingaggio, ma niente di paragonabile alle parti del suo momento di gloria, nel 2000. Nel 2002 partecipò a un demenziale film dell'orrore dal titolo *Nine Lives*, noto soprattutto perché la protagonista era Paris Hilton. Raccontava la storia di un gruppo di amici che, durante un fine settimana in una casa di campagna in Scozia, cominciano a morire misteriosamente, uno dopo l'altro. L'anno successivo fu la volta di una commedia romantica, *Corrispondenza d'amore*, e di *Winter Passing*, che almeno vedeva la presenza di alcuni sostanziosi nomi di Hollywood, come Will Ferrell e Ed Harris, ma che ebbe un'accoglienza piuttosto incerta. Seguirono *Æon Flux – Il futuro ha inizio*, un'incursione nel fantascientifico; *Stoned*, pellicola su Brian Jones, membro dei Rolling Stones morto alla fine degli anni Sessanta in circostanze mai del tutto chiarite; *Alpha Male* e infine *Gone*, che si guadagnò recensioni molto positive. «*Gone* è una produzione inglese ed è un notevole thriller psicologico girato sullo spettacolare sfondo dell'outback australiano. Alex (Shaun Evans) e Sophie (Amelia Warner) sono una coppia di turisti inglesi partiti zaino in spalla e finiti nei guai dopo l'incontro casuale con un americano carismatico e solitario, Taylor (Scott Mechlowicz)» scrisse Wendy Ide sul «Times». «Magari il finale sarà scontato, ma il viaggio per arrivarci è comunque gradevole.»

«Accettata la sua offerta di un passaggio, i due scoprono poco alla volta che Taylor non rappresenta una minaccia soltanto per il loro rapporto di coppia» spiegò Anthony Quinn sull'«Independent». «Nelle prime scene, il regista Ringan Ledwidge si affida a un montaggio un po' disordinato, ma quando il trio raggiunge l'outback e la tensione sessuale inizia a montare, di colpo stringe il capestro e ci lascia senza fiato. Memorabile.» Anche altri critici si espressero in toni ugualmente favorevoli, ma per qualche motivo il film non riuscì a resuscitare la carriera cinematografica di Amelia.

Le due pellicole successive, *Il risveglio delle tenebre* e *The Echo*, passarono quasi inosservate. Nessuna di quelle parti aveva riacceso i riflettori, e la ragazza cominciava a sentirsi delusa. Qualcosa doveva cambiare.

Alla fine, decise di rinunciare al cinema per dedicarsi a tempo pieno alla musica. «Recitare non mi soddisfaceva» rivelò al «Daily Telegraph». «Non hai il controllo di niente, nessuna responsabilità. Ti presenti all'audizione, puoi ottenere la parte oppure no: è questa l'unica cosa che dipende da te. A distanza di un anno vedi il prodotto finito, e scopri che è completamente diverso da come te l'eri immaginato. Dopo un po', diventa un'esperienza molto frustrante. Quando scrivi un testo, invece, crei qualcosa che ti appartiene davvero. Ed esiste nel mondo, anche se nessuno la ascolta. È una bella sensazione.»

Nel suo caso, però, il mondo era in ascolto eccome. Compose alcune colonne sonore, pubblicò un EP indipendente e si aggiudicò un contratto con la Island Records, in parte sulla scorta di un'unica canzone, *Beasts*, lanciata come spot per la Virgin Media. Incise un album, *Renditions*, una raccolta di cover dei successi degli anni Ottanta, dalle Bananarama ai Thompson Twins e agli Yazoo. «La musica di quegli anni gode di una pessima reputazione per la frivolezza delle esibizioni» dichiarò all'«Independent». «In realtà, i testi sono piuttosto cupi, ma finiscono sepolti sotto arrangiamenti e strumentazioni scatenate. Ascoltandoli meglio, scopriamo che sono molto malinconici, parlano tutti di amori finiti male.»

A imporla davvero all'attenzione fu un'altra cover, uscita nel 2011. Si trattava di un pezzo di Morrissey, intitolata *Please, Please, Please Let Me Get What I Want*. La versione di Amelia fu utilizzata per lo spot natalizio di una campagna pubblicitaria da sei milioni di dollari della John Lewis. Alcuni fan di Morrissey si scandalizzarono, ma lui stesso apprezzò tantissimo quella rivisitazione.

«Ottenere i diritti è stato piuttosto rapido e indolore» spiegò Graig Inglis, responsabile marketing della John Lewis. «A luglio abbiamo contattato Morrissey e la sua casa discografica e ottenuto subito il consenso. La canzone è un emblema della più paradigmatica delle band inglesi. Sappiamo quale rispetto sia riservato dal nostro pubblico agli Smiths e ai gruppi del periodo.»

Amelia aveva incontrato Jamie in quel periodo, ma le sue precedenti esperienze le avevano instillato una notevole diffidenza nei confronti di Los Angeles; ormai detestava cordialmente la capitale mondiale del cinema, e non si faceva scrupoli ad ammetterlo. «Non fatemi parlare di quanto odio Los Angeles» riferì al «Guardian», in netto contrasto con le interviste del passato. «Per gli inglesi, disprezzarla è quasi un cliché. Vorrei poter dire che la amo, ma non è così. È un posto talmente assurdo. Potendo scegliere, me ne andrei subito. Alle undici di sera non si trova nemmeno un locale aperto. Si credono tutti tanto scatenati, controcorrente e progressisti, ma non lo sono affatto!»

La sua carriera di attrice era ormai morta e sepolta.

Adesso era una musicista e non aveva alcun rimpianto o nostalgia per la recitazione. «Le pressioni in quell'ambiente sono enormi, gli esami non finiscono mai» rivelò all'«Independent». «Non faceva per me. In realtà il cinema non è mai stato la mia passione, forse per questo mi ha stancata. A Los Angeles mi capitava di sostenere audizioni davanti a trenta persone e, quando mi scartavano, l'argomento era sempre lo stesso: trapelava la mia indifferenza. Le altre aspiranti al ruolo in questione erano disposte a lottare con le unghie e con i denti per ottenerlo; io non risultavo abbastanza motivata. Non mi piaceva dover sopportare ogni volta la suspense dell'attesa, sentirmi sempre esposta e osservata. Così mi è sembrato meglio uscire dal giro. È la musica il mio vero amore, e proprio la paura di venire giudicata come musicista mi aveva impedito di dedicarmici da subito a tempo pieno. Potevo superare un fiasco come attrice, ma fallire nel campo che amo mi avrebbe devastata. Almeno, però, ho la passione necessaria a correre il rischio.»

Tuttavia, presto si sarebbe trovata di nuovo sotto i riflettori, a causa del futuro marito. Come Jamie, anche lei stava per avventurarsi in un territorio ignoto, sebbene la sua esposizione mediatica sarebbe dipesa dall'uomo che aveva scelto al suo fianco, e non da motivi professionali. Diventando la signora Dornan sarebbe finita sotto la lente d'ingrandimento, seguita in ogni passo, e lei non possedeva la solida corazza di cui sono equipaggiate le star più affermate di Hollywood. «Sono ambiziosa, ma non competitiva. Se affronti questo mondo in modo competitivo rischi di impazzire. La verità è che c'è lavoro a sufficienza per tutti.» Certo, era una filosofia ammirevole e che le faceva onore come persona, ma dimostrava quanto fossero diverse le sue priorità rispetto alla maggior parte dei protagonisti dello *showbiz*.

Il suo atteggiamento, per contro, giocò senz'altro a favore della relazione con Jamie. Da anni, ormai, lui non faceva mistero di voler diventare una celebrità, e all'interno di una coppia in genere non c'è abbastanza spazio per le ambizioni di entrambi. Quindi fu un bene che Amelia fosse disposta a farsi da parte. Non è da escludere, infatti, che anche questo avesse in parte determinato la frattura con Keira. Per quanto molto giovane, forse Jamie si era reso conto già allora che avrebbero finito per competere, e la rivalità professionale tra due persone che stanno insieme è logorante. Può darsi che anche Keira nutrisse lo stesso timore, dal momento che quando decise di sposarsi (nello stesso anno di Jamie) scelse a sua volta un musicista, il tastierista dei Klaxons James Righton, invece di un collega. Entrambi si sono legati ad artisti alla loro altezza, ma che non appartengono alla stessa sfera.

È stata una fortuna per Jamie, perché a dispetto delle incertezze causate dall'esclusione dal cast di *C'era una volta*, stava per vestire i panni del personaggio che avrebbe davvero realizzato le sue ambizioni. E che avrebbe richiesto ben altro che la sola prestanza fisica.

9
Nessuno sa cosa passa davvero per la testa di un altro

Jamie si era imposto come mai in passato agli occhi di un pubblico internazionale. Aveva rinunciato a *C'era una volta* (volente o nolente, a seconda delle versioni), ma restava il fatto che la partecipazione alla serie avesse incrementato la sua notorietà in modo esponenziale, portandolo all'attenzione di responsabili di casting e dimostrando loro di cosa fosse capace. Il suo straordinario talento di attore avrebbe presto avuto una conferma clamorosa grazie all'interpretazione di un ruolo davvero memorabile, per quanto inquietante: quello di Paul Spector, un serial killer di spaventoso sadismo e al tempo stesso buon padre di famiglia.

Molti hanno osservato che, sullo schermo, Jamie interpreta i suoi personaggi con una sorta di silenziosa intensità, forse dovuta all'infanzia vissuta a Belfast nel periodo dei *Troubles*. E proprio in quella città è ambientata *The Fall*, la sua nuova serie. L'atmosfera di cupo mistero dipende, però, da tutt'altro: la vicenda è incentrata su un uomo apparentemente normale, ma di fatto un brutale psicopatico. La protagonista, Stella Gibson (Gillian Anderson), è un'ispettrice del MET di Londra convocata dalla polizia di Belfast per contribuire a risolvere l'enigma di un assassinio. L'investigatrice nota subito le somiglianze con un delitto precedente e, in anticipo sui colleghi, si rende conto di avere a che fare con un omicida seriale.

Diversamente dalle altre dello stesso genere, *The Fall* rivela fin dal principio l'identità dell'assassino. Paul Spector è uno psicologo specializzato nell'assistenza a persone che hanno subito un lutto, è marito e padre devoto di due figli, a prima vista un tranquillo uomo di famiglia. Di notte presta servizio volontario per i Samaritans, una copertura che sfrutta per la propria doppia vita. Perché in realtà Paul è un mostro, sempre sul chi vive per individuare la sua prossima vittima, intento a escogitare nuove efferatezze – progetti che annota in un diario, custodito nel solaio di casa, in corrispondenza del letto di sua figlia –, per poi portarle a compimento. Gli episodi, geniali per trama e suspense, ruotano intorno al concetto di due cacciatori all'opera: Paul, che insegue le proprie vittime, e Stella, che insegue lui. Anche la contrapposizione tra giovane padre e killer crudele è una trovata da maestri, e di certo un ruolo a distanza siderale da quello di modello per l'intimo griffato Calvin Klein.

Ciò detto, i creatori della serie non persero tempo a farlo esibire a petto nudo, ma non fu il solo, visto che all'agguerrita "competizione" parteciparono anche altri membri del cast assolutamente degni di nota, in particolare l'agente di polizia interpretato da James Olson, presto sedotto da Stella. E lei stessa non si faceva remore a mostrare il décolleté. Anzi, in uno degli episodi si pone in risalto la sua sobria camicetta, di cui si apre un bottone di troppo proprio nel momento meno opportuno, durante la tesa conferenza stampa indetta per annunciare l'avvio delle indagini su un omicida seriale.

Il progetto era davvero avvincente, e impose un autentico *tour de force* a tutti gli attori coinvolti.

Di sicuro il personaggio dello psicologo era lontanissimo dall'immagine che il suo interprete aveva avuto fino a quel momento, tanto che Jamie si sentì spesso in dovere di scusarsi per le orribili azioni di Paul sullo schermo. Teneva anche a sottolineare le differenze tra la sua identità reale e quella fittizia. «Penso che avrebbe avuto degli effetti tutt'altro che benefici sulla mia psiche restare calato nella testa di Spector per tre mesi» confessò al «Daily Mirror». «Spesso sul set suscitavo l'ilarità generale. In certe scene dovevo legare una corda al collo della vittima e fingere di stringerla con forza. A quel punto lei schiumava dalla bocca, gocce del mio sudore le cadevano negli occhi strabuzzati mentre io la guardavo morire. Alla fine di quelle scene, appena il regista gridava "Ciak!", subito mi profondevo in mille scuse: "Oddio, ti ho fatto male? Ora ti slego le caviglie. Tutto a posto?". Non sono un uomo violento, quindi cercavo di uscire dal personaggio all'istante. Non è un ruolo in cui mi senta a mio agio. Forse per altri sarebbe stato diverso, ma io ricordo di aver pensato che mi sarebbe costata una gran fatica interpretarlo quando mi scritturarono per la parte.»

Invece la scelta del casting fu geniale. Il ruolo di Paul era l'opposto di quello del bel Cacciatore, o dell'immagine di indossatore che cerca di sfondare come attore. Dimostrò che Jamie era versatile, capace di recitare in un film dell'orrore quanto di immedesimarsi nella mente di uno psicopatico. Era la prova che la sua presenza nel cast non si limitava all'aspetto esteriore, ma che anzi aveva talento da vendere. E, per inciso, evidenziò perfino quanto fosse equilibrato il suo approccio alla recitazione. Diversamente da alcuni colleghi devoti al metodo Stanislavskij, che durante la lavorazione faticano a smettere i panni del personaggio che stanno impersonando, lui era perfettamente in grado di uscire dal ruolo appena fuori dal set. In questo manifestava una sicurezza interiore senz'altro nata dai suoi saldi legami familiari e dall'ottimo rapporto con la moglie.

Pur sforzandosi di mantenere le distanze, Dornan doveva comunque trovare il modo di immedesimarsi in Spector, e ci riuscì guardando documentari sul più famigerato killer seriale americano. Ted Bundy era a sua volta un mostro sadico, stupratore, sequestratore e necrofilo; ma era anche un uomo attraente e carismatico, doti che sfruttò appieno per adescare le sue numerose prede. L'inizio degli assassinii si colloca negli anni Settanta, forse persino prima, quando dopo aver ucciso le sue vittime rivestiva e pettinava i cadaveri (un'altra perversione in comune con Spector). Arrestato nel 1975, riuscì a evadere, e riprese a commettere delitti fino alla cattura definitiva, nel 1978. Per anni si ostinò a dichiararsi innocente, ma alla fine si riconobbe responsabile di trenta omicidi, avvenuti tra il 1974 e il 1978, sebbene non sia escluso che ne avesse commessi tanti di più. Morì sulla sedia elettrica nel 1989.

Insomma, il suo profilo di psicopatico corrispondeva precisamente a quello di Paul Spector, alla cui interpretazione Jamie si preparò con grande serietà, impegnandosi a indagare i meccanismi di una mente incomprensibile alla stragrande maggioranza delle persone. «Ho studiato molto le personalità dei killer seriali» spiegò a

«PA» «e credo siano accomunate da identiche esperienze di abbandono o abusi subiti nell'infanzia. Ho letto parecchi libri, in particolare su Bundy, e visto tutte le sue interviste. Il suo è il caso più affascinante in assoluto, perché era un professionista e un uomo attraente. Era un tipo seducente. Per sette anni riuscì ad avere una fidanzata senza che lei sospettasse niente della sua doppia vita, nemmeno quando uccideva una donna al mese. È spaventoso pensare che un uomo simile possa aggirarsi indisturbato nella nostra società, conducendo una vita apparentemente normale e rispettabile, dietro la quale commette atti abominevoli. Spector è identico: ha un lavoro e, almeno sulla carta, è un buon padre di famiglia.» Anche Bundy era sposato, altro elemento in comune con il serial killer della finzione televisiva.

Jamie capiva a fondo l'estrema complessità del suo personaggio. «Credo che, a modo suo, Paul Spector ami davvero i suoi bambini» proseguì, nel corso della stessa intervista. «Come padre è sincero, ed è questo a rendere ancora più impressionante il suo lato oscuro. E in un certo senso è anche un buon marito, non avendo mai tradito la moglie. Beninteso, non sono attenuanti, non sto dicendo: "Poverino, merita comprensione", ma resto convinto che almeno nella dimensione familiare Paul aderisca davvero ad alcuni valori fondamentali.»

Ciononostante, persino lui si turbò a recitare certe scene. «Nel giro di cinque minuti, Spector passa dal lavare i capelli alla figlia a pedinare una nuova vittima, pianificandone l'aggressione. È proprio questo a rendere così scioccanti le sue azioni più atroci, la contrapposizione tra il volto di assassino e quello di compagno e padre, affettuoso per giunta. Spero di non ritrovarmi a interpretare il ruolo di uno psicopatico per il resto della vita, ma credo che con questa serie la mia immagine agli occhi del pubblico cambierà in modo radicale.» Altroché. Senza dubbio dimostrò una volta per tutte quanto fosse versatile il suo talento. Da quel momento in avanti, nessuno lo avrebbe più scritturato soltanto per la bellezza fisica.

Anche Gillian Anderson conquistò l'audience vestendo i panni dell'affascinante poliziotta che intuisce quanto sta per succedere prima di chiunque altro. Famosa fin dal debutto in *X-Files*, nel 1993, dove interpretava l'agente Dana Scully, in *The Fall* Gillian impersona una bionda di ghiaccio, all'apparenza imperturbabile ma con una personalità in realtà molto complessa. Anche lei, come Dornan, ricevette critiche entusiaste per il ruolo, inizialmente accettato, per sua stessa ammissione, per l'ottima qualità della sceneggiatura.

«Come spesso capita, il primo approccio fu l'arrivo del copione» dichiarò a *nrp.org*. «E lo stile di Allan Cubitt [l'ideatore della serie] ti si insinua sottopelle. Appena ho cominciato a leggerlo, non sono più riuscita a smettere, l'ho finito tutto d'un fiato. E sono rimasta affascinata dal personaggio della Gibson. Non mi ero mai trovata davanti niente di simile, mi è sembrata subito una donna *sui generis* rispetto a quelle che si vedono di norma sugli schermi. La considero un enigma ancora oggi.»

C'era, naturalmente, un precedente illustre, la celeberrima investigatrice Jane Tennison (Helen Mirren) di *Prime Suspect*, e la Anderson fu ben felice di riconoscere il proprio debito nei suoi confronti. «Inutile precisare che sono una fan accanita della Mirren. Penso di averla presa a modello, magari in maniera inconsapevole. Per la sua regia, *The Fall* poteva riuscire in modo davvero diverso, con un effetto più all'americana. Ma proprio grazie a *Prime Suspect* ha potuto assumere una grana meno patinata, una qualità filmica europea che salta all'occhio.» In effetti, ricordava i thriller scandinavi che proprio in quel periodo stavano riscuotendo tanto successo.

Diversamente da Jamie, la Gillian non era nativa di Belfast, ma anche lei riteneva che l'atmosfera di sottile malinconia della città avesse contribuito alla serie. «La si avverte» disse al sito Digital Spy. «La mia speranza è che riveli un nuovo volto di Belfast. L'ambientazione urbana è molto forte, molti degli episodi sono girati in esterna. *The Fall* costituisce un vero e proprio tributo alla bellezza e alla complessità di questa città, più che alla sua storia o alle vicissitudini politiche. Spostare il set a Belfast invece che a Londra ha offerto agli spettatori uno sfondo diverso da quello tipico delle serie inglesi. E già di per sé si tratta di una location che trasmette tensione. In città è tangibile, si respira nell'aria, e credo che si percepisca nitidamente dallo schermo.»

L'attrice individuava inoltre profonde analogie tra il proprio personaggio e quello di Paul Spector, entrambi a caccia della propria preda. «Il fatto poi che, a ben guardare, noi persone "normali" non siamo poi così diverse da uno come Spector, capace di indicibili efferatezze, è uno degli aspetti più intriganti che emergono dalle vicende raccontate dalla serie. Risalta in maniera lampante sia nella sceneggiatura sia nella regia. In fondo, la personalità di Spector non è tanto distante da quella della Gibson, e lei ne è ben consapevole. La mente del killer non è aliena alla sua.» Non solo. L'uno e l'altra sono così glaciali da restare del tutto indifferenti alle normali emozioni umane. Stella, per esempio, vive il sesso con assoluta disinvoltura e distacco, al punto da nutrire profonda ammirazione per una tribù cinese in cui le donne dominano la gerarchia sociale, vivono sole e indipendenti, limitandosi a invitare gli uomini occasionalmente per una piacevole notte di sesso e scacciandoli la mattina dopo, senza strascichi sentimentali.

The Fall debuttò il 13 maggio del 2013 su BBC Two, e poco dopo negli Stati Uniti, su Netflix. Nel primo episodio, intitolato *Dark Descent*, Stella Gibson arriva da Londra per indagare su un delitto compiuto a Belfast; l'ispettrice si renderà subito conto che l'assassino ha già colpito in passato e che si tratta di un serial killer. Nel contempo viene presentato Paul, nel suo studio di psicologo, intento a scarabocchiare disegnini inopportuni mentre una paziente piange disperata la morte del proprio bambino. Dopodiché lo ritroviamo in famiglia, con la moglie e i due figli, a condurre una vita perfettamente normale, finché si introduce in casa di un'avvocatessa e lascia traccia del proprio passaggio facendole trovare alcuni capi di biancheria intima sul letto. La donna, terrorizzata, chiama la polizia ma gli agenti, arrivati sul posto, non rilevano altri indizi della presenza di un intruso e deducono, incautamente, che l'avvocatessa abbia alzato un po' il gomito e sia annebbiata dall'alcol. A quel punto lei chiede di rimanere sola, ma l'indomani mattina si imbatte in un'ulteriore prova della presenza dello sconosciuto: una buccia d'arancia lasciata da Paul, che ha mangiato nella sua cucina. Sono i presagi di una tragedia incombente, che puntualmente si consuma.

Da subito l'episodio conquistò critica e pubblico. «Cosa lo rende tanto avvincente?» si chiese David Thomson di «New Republic» nella sua recensione. «Credo che il motivo sia il taglio innovativo. Lo ha detto la stessa Gillian Anderson in un'intervista promozionale: è stata l'originalità del copione a indurla ad accettare la parte. Esiste una segreta somiglianza tra l'investigatrice e il killer, e si comincia a intravederla già dalle loro abitudini. Entrambi sono sportivi: lui corre, lei nuota. Sono persone solitarie, e cerebrali; si affidano alla logica, e questo li rende inaccessibili ed enigmatici agli occhi degli altri. Entrambi preparano le proprie azioni con rituali ossessivi. Fin dai primi minuti dell'episodio pilota, vediamo Stella allo specchio, la mattina della partenza per l'Irlanda, mentre si toglie dal volto gli strati di crema idratante. Come Paul, anche lei indossa una maschera.»

Willa Paskin, della rivista online «Salon», era dello stesso parere. «*The Fall*, la serie thriller in cinque episodi prodotta dalla BBC, che ha debuttato su Netflix la settimana scorsa, è un compendio del *cool* televisivo contemporaneo: abbiamo un omicida seriale tormentato, una complessa protagonista femminile, un'ambientazione molto specifica e carica di significati, un ritmo lento che mette l'accento su psicologia e personaggi rispetto all'azione investigativa, e uno stile che, come nel caso di altri prodotti recenti, denuncia la forte influenza delle versioni originali di *Prime Suspect* e *The Killing*. *The Fall* prende tutti questi elementi e ne trae una miscela da brivido, di gran classe e livello artistico, assolutamente radicata nel presente. L'ho divorata in un boccone.»

«È un'ottima serie, affidata alla meticolosa costruzione della suspense più che agli effetti *splatter* e ai colpi di scena di telefilm come *The Following*. Se ancora non siete stufi della dinamica "guardia e ladri", i cinque episodi ora in onda su Netflix meritano senz'altro una visione. Se invece al momento state già seguendo più di due serie di genere simile, ma sentite comunque il bisogno di guardarne un'altra, forse è il caso di farvi qualche domanda su voi stessi» commentò con una buona dose di ironia Neil Genzlinger, del «New York Times». «A ogni modo, eccovi un assaggio. Gillian Anderson interpreta Stella Gibson, un'ispettrice di polizia inviata a dare una svolta a un'indagine di omicidio arenata a Belfast. Mentre seguiamo l'accelerazione della sua inchiesta, qualche scorcio ci rivela il killer, Paul Spector (Jamie Dornan), psicologo specializzato nell'elaborazione del lutto, che all'apparenza conduce un'esistenza idilliaca, con una moglie affettuosa e due bambini piccoli. L'uomo nasconde un tremendo lato oscuro: non si limita a uccidere, ma studia accuratamente e pedina le sue vittime, colleziona souvenir e dispone i cadaveri in pose coreografiche. Ogni aspetto della partita giocata tra rappresentante della legge e criminale è curato nei minimi dettagli.»

«Non ci sono dubbi che *The Fall* si sia guadagnato le lodi ricevute finora» scrisse David Hynes sulla rivista online «What Culture». «Sempre d'atmosfera, intenso e cupo, a volte davvero avvincente. Un thriller ben recitato e, finalmente, dotato di una certa plausibilità per la natura e i moventi dei delitti.»

«Un thriller fantastico, da brivido, fortemente caratterizzato dal femminismo e dalla sessualità disinvolta della sua eroina» fu il verdetto di Caryn James sul suo blog James on screenS. «La recitazione della Anderson è affilata quando i suoi artigli, e la serie è più intelligente e articolata di gran parte dei prodotti del suo genere.»

Anche Jose Solís, sulla rivista online «PopMatters», si dimostrò entusiasta. «L'intento di *The Fall* di mettere in luce il pericoloso nesso tra sesso e morte non è soltanto audace, ma anche infinitamente seducente.»

Era ufficiale: *The Fall* era un trionfo, e Jamie aveva dissipato ogni dubbio sul suo talento di attore.

Gli episodi successivi documentarono ulteriori colpi di genio. La figlia minore, cui Paul è legato in maniera particolare, è tormentata da incubi ricorrenti, forse suscitati dal fatto di aver intuito, sebbene a livello inconscio, che razza di mostro sia in realtà il suo papà. Inoltre la piccola porta sempre al collo una collana che lui le ha regalato, anche di notte, abitudine dalla quale la nonna cerca di dissuaderla perché teme che possa strangolarsi nel sonno (che è poi il *modus operandi* del padre-killer per uccidere le sue vittime). «Non è un sogno» racconta la bambina alla madre, spiegandole di aver visto una donna nuda sospesa sopra il suo letto (proprio dove è nascosto il macabro diario di Paul). E così via.

Nell'ultimo episodio (saltate le prossime righe se non volete che vi guasti il finale), si fa luce anche sul passato dello psicologo. Ha trascorso l'infanzia in orfanotrofio, senza amici e senza famiglia. Sarà proprio la moglie – alla quale confesserà di avere un'amante, giustificando così le sue assenze – a rivelarlo, sostenendo di non aver mai avuto la possibilità di conoscere il marito come è spesso interessante conoscere un'altra persona, ovvero osservandola nelle interazioni con i suoi cari. «La cosa mi spaventa» ammette.

«Non devi aver paura» le risponde lui.

Nel mentre, Spector e la Gibson si sono finalmente incontrati faccia a faccia. Non soltanto hanno provato da subito un'evidente attrazione reciproca, ma persino un senso di affinità. Sono due facce della stessa medaglia, una buona e l'altra malvagia. La "caccia" che li ha visti protagonisti fin dal principio diventa molto personale. La polizia autorizza il padre di una delle vittime di Paul ad apparire in televisione per rivolgere un appello all'assassino. L'idea è di indurlo a uscire allo scoperto, promettendogli «un incontro in privato con me» a condizione che smetta di commettere i suoi delitti e si penta dei suoi crimini. L'uomo, però, scoppia a piangere e non riesce a leggere il testo dell'appello; tocca all'investigatrice proseguire al suo posto, e quando arriva alla parte dell'incontro in privato, Paul, che la sta guardando in televisione, si convince che sarà con lei che dovrà sostenerlo.

I due si parleranno davvero, e sarà lo stesso killer a evidenziare le loro somiglianze: entrambi hanno una personalità compulsiva, e perseguono il potere e il controllo. Ma mentre lei è prigioniera delle convenzioni, le contesta Paul, lui invece è "libero".

«E dove sarebbe questa libertà?» replica la donna, rinfacciandogli di essere un debole, un impotente, «schiavo dei tuoi desideri [...]. Ti reputi una sorta di artista, ma ti sbagli». E continuano a sfidarsi e provocarsi a vicenda, in uno scambio che è quasi l'antitesi di un corteggiamento.

Sullo sfondo, trapelano elementi tipici di Belfast: una trama secondaria rivela la corruzione della polizia (con l'insinuazione che il marcio arrivi fino ai massimi vertici), mentre un omicidio andato a segno e un altro cui la vittima riesce a sfuggire per un soffio rischiano di scatenare una sommossa in uno dei quartieri più pericolosi della città, segno che, purtroppo, la violenza a Belfast è sempre in agguato.

Il finale ci lascia in sospeso, mostrandoci Paul che parte con la famiglia per iniziare altrove una nuova vita. D'altronde, era inevitabile. Parecchio prima dell'ultimo episodio, dato il successo clamoroso della serie, la BBC aveva già commissionato la seconda stagione. Di conseguenza bisognava permettere a Paul di passarla liscia: se fosse stato arrestato, la storia si sarebbe conclusa lì. Serviva un finale aperto.

«Da un ottimo inizio a un epilogo assolutamente formidabile» scrisse Gerard O'Donovan sul «Daily Telegraph». «Anche sulla scia della suspense agghiacciante del quarto episodio, in quello conclusivo mi aspettavo di assistere a un emozionante ma convenzionale inseguimento tra sbirro e malfattore, con il consueto lieto fine: l'assassino in prigione, i bambini a nanna con le coperte rimboccate e il mondo restituito alla normalità, senza più mostri nell'armadio. Mi sbagliavo di grosso. Il finale della serie è un avvincentissimo e meticoloso trailer della prossima stagione, costruito in modo brillante, in cui la glaciale superinvestigatrice Stella Gibson (Gillian Anderson) arriva a un passo dall'acciuffare il sempre più folle serial killer Paul Spector (Jamie Dornan), solo per vederselo sfuggire dalle mani, libero come Hannibal Lecter di tornare a terrorizzarci nel prossimo futuro.»

Per cast e troupe era stato un vero *tour de force*, e la serie (con un tempismo perfetto, per inciso) aveva lanciato una nuova star di primo piano. A mano a mano che si rendeva conto di essere davvero diventato un divo, Jamie cominciò a riflettere sulla propria tecnica recitativa, dapprima con una sorta di timore, come se ancora non riuscisse a credere all'enorme balzo in avanti che aveva compiuto. «All'inizio non ne ero nemmeno consapevole, ma il modo in cui usavo le mani era diventato lo strumento attraverso cui palesavo la reale natura di Spector» rivelò alla rivista «Interview». «Osservandole, salta all'occhio la sostanziale differenza nella sua interazione con la famiglia, i figli in particolare, e con il mondo esterno.»

Come aveva dato forma a un personaggio tanto mostruoso? «In gran parte il lavoro era già fatto. Paul Spector è perfettamente delineato sul copione, frutto della mente di Allan Cubitt: è stato lui a fornirgli un mestiere, una famiglia, delle abitudini. Io mi limito a seguire le sue istruzioni. La cosa davvero agghiacciante è quanto tutto sembri normale. Immaginate un uomo simile, che lavora come psicologo con persone che hanno subito un lutto. Con una moglie e due bambini che ama. Allan forse direbbe che Spector non è in grado di provare sentimenti e dunque non può voler bene neanche ai suoi figli, ma io non sono completamente d'accordo. Esprime una qualche forma di affetto, soprattutto verso la sua bambina; e poi non mi pare nemmeno pessimo come marito. Magari un po' musone. So che può suonare folle, tenuto conto degli orrori di cui è capace, ma questi non inficiano le sue buone qualità come marito e padre. Perseguita e uccide donne innocenti, eppure ha perfino un lato buono. È un perverso, ma nell'interpretarlo ho cercato di mostrare quanto la gente come lui possa apparire ordinaria.»

Il che, com'è naturale, contribuiva a rendere ancora più inquietante il ritratto del personaggio. Ma Jamie riuscì comunque a intravedere del "buono" in lui. «In fondo mi piace quasi. Dubito che potrei mai calarmi nella parte di un uomo del tutto anaffettivo, senza la minima possibilità di redenzione. Sarà difficile che in futuro mi capiti qualcuno più malvagio di Paul Spector, ma nel caso in cui mi dovesse essere proposto accetterò il ruolo soltanto se trovassi in lui qualche lato positivo. A dispetto dei suoi orrendi delitti, mi sono affezionato a Paul; è dotato di qualità che ammiro molto, anche se le impiega per fini odiosi. Invidio la sua attenzione ai dettagli, e la sua efficienza. Per me è importante imparare da ogni personaggio che interpreto. Ciascuno ha qualcosa da insegnarmi, come attore e come persona.»

E questa volta aveva imparato tantissimo. Si era immedesimato nella parte e l'aveva fatta sua. Ma cosa gli riservava il futuro? Di sicuro ci sarebbe stata la seconda stagione di *The Fall*, però Jamie si stava avvicinando al sogno di ogni attore: scegliere liberamente i propri ruoli, invece di accettare qualsiasi ingaggio pur di pagare il mutuo.

10
È nata una stella

La vita di Jamie era completamente cambiata, persino più di quanto avesse sperimentato dopo *C'era una volta*. La sua capacità di interpretare un personaggio complesso come quello di Paul Spector, di mostrarne alla perfezione sia il lato mostruoso sia quello di buon padre di famiglia lo aveva portato alla ribalta internazionale in un modo che tutti gli attori sognano ma ben pochi realizzano davvero. E il suo tempismo era stato eccezionale: *The Fall* è andato in onda nella primavera del 2013, proprio quando i produttori di *Cinquanta sfumature di Grigio* cominciavano a interrogarsi su chi scegliere per il ruolo di protagonista del film senz'altro destinato a diventare il blockbuster dell'anno. Ancora non lo avevano individuato, ma Jamie aveva dimostrato di saper impersonare un uomo tenebroso e dal passato tormentato con una profondità che bucava lo schermo. È vero, la serie thriller non costituiva il provino ideale per il film più spinto da anni a questa parte, ma non compromise certo le sue possibilità di aggiudicarselo.

Nelle loro dichiarazioni, i suoi stessi colleghi furono ben felici di metterne in luce il talento, non ultimo perché assistettero con i loro occhi alla sua ascesa, un episodio dopo l'altro. Quando la produzione ne annunciò per la prima volta il cast, il nome più fulgido era quello di Gillian Anderson, la quale, pur non perdendo nulla della propria celebrità, era consapevole di quella, straordinaria, che la serie aveva guadagnato al giovane attore. E, insieme agli altri, si sentì in dovere di chiarire oltre ogni ragionevole dubbio che Jamie non somigliava per niente allo psicologo-serial killer. Al contrario, era impossibile trovargli un difetto.

«È uno dei ragazzi più dolci che conosca, e sono davvero felice del suo successo e della sua serenità personale» dichiarò al «Belfast Telegraph» quando iniziò a girare voce di una seconda stagione in cantiere. «È un tesoro, e la fama non l'ha cambiato affatto. Se la serie dovesse proseguire, non potrà fare a meno di lui. E in caso accennasse a non voler tornare, ci penserò io a convincerlo, con un bel ceffone, se necessario!»

Per la verità, il rischio che succedesse era nullo. Come lui stesso ammise in più occasioni, la stragrande maggioranza di copioni proposti agli attori sono pura immondizia, e quando ti capita quello giusto non te lo lasci sfuggire. *The Fall* gli aveva offerto la sua occasione, e lui non aveva la minima intenzione di voltare le spalle proprio adesso. Nella vita delle persone di successo c'è sempre un momento in cui ingranano la quinta e scattano verso il traguardo. Per Jamie, era esattamente quello.

Anche Bronagh Waugh, che nella serie era Sally Ann, la moglie di Paul, si dimostrò entusiasta di lui, ribadendo a sua volta che Jamie non aveva niente a che spartire con il personaggio di Spector. Tutt'altro, lo reputava un ragazzo molto simpatico e socievole. E quanto al sex appeal... «Me lo chiedono in molti» confessò alla rivista «IN!», rispondendo all'ennesima domanda sul suo ruolo di moglie di un serial killer e sul privilegio di baciare un ex modello di Calvin Klein. «Per me è soltanto un collega. In questo mestiere, sul set pensi al lavoro e basta, quindi ai miei occhi è strano che gli altri si interessino alle scene dei nostri momenti "intimi". Per cominciare, sul set ci saranno state almeno quaranta persone. Ricordo una scena, in particolare, quella nella vasca da bagno. Secondo le indicazioni del regista, l'acqua doveva essere perfettamente ferma, senza la minima increspatura sulla superficie. Io sono entrata e mi sono distesa, poi vedo che a Jamie tremano le spalle per lo sforzo di trattenere una risata. Abbasso lo sguardo e mi accorgo che il triangolino di stoffa che avevo per coprirmi si è staccato e galleggia sul pelo dell'acqua, che vi assicuro essere la cosa più antierotica che si possa immaginare.» Per contro, sul fronte professionale, il fatto di essere associata a un attore come lui la stava aiutando molto. «Mi hanno appena convocata per una nuova audizione, e credo sia stato grazie al fatto che ho lavorato con lui. È strano che da fuori domandino solo se di persona è bello come in foto. Per noi ciò che conta è la recitazione e ciò che riusciamo a trasmettere attraverso lo schermo.»

A Belfast, perfino il professor Jim Dornan si accorse del cambiamento. Prima, nel quartiere, si era abituati a sentir dire: «L'illustre dottor Dornan ha un figlio che fa l'attore»; adesso, invece, la frase era diventata: «Il padre di Jamie Dornan è un medico». Non che lo disturbasse passare in secondo piano; era entusiasta del successo del suo ragazzo, ed emozionatissimo per lui. Anche se non gli fu facile vederlo interpretare il ruolo di Spector. «Ho seguito *The Fall* e Jamie mi è sembrato magnifico, ma mette una certa angoscia vedere tuo figlio nella parte di un assassino» dichiarò all'«Irish News», riportando poi il commento di uno spettatore, secondo cui «almeno era un killer che ripuliva la scena del crimine». In ogni caso, l'intera famiglia era felicissima per lui. Erano stati testimoni della sua gavetta, lo avevano visto vivere in una topaia, a Londra, quando cercava di farsi strada come modello, e finalmente, dopo tante fatiche, assistevano alla sua affermazione. «Siamo orgogliosi di lui. È un ragazzo pieno di talento, con la testa sulle spalle, e il vanto della sua scuola (il Methody), dei suoi fantastici amici e della sua famiglia. Può essere fiero di se stesso» concluse il padre.

Le ottime notizie riguardavano anche il versante personale: il matrimonio gli si addiceva, gli dava la stabilità necessaria a conservare almeno una parvenza di normalità quando fu catapultato nel firmamento del cinema, permettendogli di tenere i piedi per terra ed evitare il rischio di bruciarsi. A un ragazzo modesto e autoironico come lui era improbabile che accadesse, ma non sarebbe stata la prima volta che il successo dava alla testa anche ad artisti molto solidi, quindi poter contare sull'appoggio della compagna giusta era di importanza cruciale, ancora di più ora che stava per diventare padre.

Da qualche tempo giravano voci insistenti che sua moglie Amelia fosse incinta e, nel giugno del 2013, Samina, la seconda moglie del padre, ruppe il riserbo. Da ostetrica, era la persona ideale per sottoporre la nuora alla prima ecografia, eseguita nella clinica 3fivetwo di Belfast, in Lisburn Road. «Io e Jim siamo felici di annunciare l'arrivo del nostro terzo nipotino» disse al «Belfast Telegraph». «La prima ecografia è stata un'esperienza bellissima e commovente per tutti i presenti.» E per Jamie c'era anche un altro aspetto positivo: il mondo intero aveva ripetuto a più riprese che lui e Paul Spector non avevano nulla in comune eppure, per arrivare al cuore del suo personaggio, aveva dovuto esplorare un territorio molto oscuro. Quale miglior modo di lasciarsi alle spalle un'esperienza tanto inquietante che annunciare la nascita del suo primogenito?

Dietro le quinte, i suoi rapporti con la famiglia erano più saldi che mai. Una sorella, Jessica, faceva la stilista a Falmouth, mentre l'altra, Liesa, si era a sua volta trasferita a Londra e lavorava per la Disney. Quest'ultima si era costruita una carriera di tutto rispetto: dopo gli studi alla Caledonian University di Glasgow e al Chartered Institute of Marketing (anche il fratello si era iscritto alla facoltà di marketing, salvo poi abbandonarla anzitempo), era stata assunta come direttore marketing alla Ulster Weavers; in seguito era passata a responsabile marketing della Marvel Entertainment per il Regno Unito. Successivamente approdò alla Walt Disney Company, dove ricoprì l'incarico di direttrice di EMEA Toys prima e poi di responsabile del franchising, in pratica un percorso similare a quello che avrebbe intrapreso Jamie se non avesse optato per il campo della moda. Entrambe le sorelle erano fiere di lui quanto il padre, anche se per loro non fu facile abituarsi all'idea che il loro fratellino fosse diventato un divo del cinema.

Ciononostante, il ragazzo non aveva mai smesso di lavorare nel campo della moda. Forse non gli dava la stessa soddisfazione del mestiere di attore, ma di sicuro serviva a pagare le bollette. E lui, come si sentiva nel ruolo di celebrità? Da dio, ovviamente. Lui e Gillian Anderson concessero un'intervista congiunta alla rivista «Red», corredata da un buffo servizio fotografico che li ritraeva in abito da sera, a ballare e divertirsi. La loro intesa era lampante per quanto, durante la lavorazione della serie, si fossero trovati di rado a recitare insieme. In due scene, per l'esattezza: nella prima si incrociavano in corridoio, nella seconda parlavano al telefono. Fuori dal set, però, era evidente che fossero in perfetta sintonia. Gillian veniva ancora percepita come la star veterana del cast, con Jamie nella parte del ragazzino inesperto, ma era ovvio che si piacessero e il talento dell'una serviva a mettere in luce quello dell'altro.

Persino l'intervista sembrava un'allegra chiacchierata tra amici. «Ti capita una tale quantità di copioni di merda» confidò Jamie a proposito delle parti che gli erano state offerte in passato. Rivelando anche che, in origine, si era presentato alle audizioni di *The Fall* per il ruolo di un poliziotto, ed erano stati i produttori a notarlo e a pensare che sarebbe stato perfetto per quello di protagonista. Eppure sembrava ancora non riuscire a scrollarsi di dosso la "tara" di aver inaugurato la sua carriera come indossatore.

«Non so se succeda più spesso a me che ad altri colleghi, e forse dipende dai miei inizi come modello, ma in genere mi viene offerto sempre il ruolo del personaggio che a due pagine dalla fine bacia la ragazza, e questo è quanto. È molto raro che mi si presenti l'occasione di una parte interessante come quella di Paul Spector. Non ci speravo proprio. Non avevo mai lavorato in una produzione della televisione inglese ed è incredibile che alla prima occasione mi sia capitata una serie di qualità così alta!»

«Te l'hanno fatta un po' sospirare,» aggiunse la collega «ma secondo me avevano capito subito che eri l'uomo giusto per la parte. Penso si trattasse soltanto di convincere quelli ai vertici. Mi sono trovata anch'io in una situazione analoga, in cui i diretti responsabili della produzione tifavano per me, ma dovettero penare per convincere chi di dovere.» Parlava davvero per esperienza. Il ruolo dell'agente Scully l'aveva resa famosa giovanissima, ma ogni attore debuttante, a prescindere dal talento, si trova a combattere contro l'indifferenza e lo scetticismo. Era un altro motivo per cui Gillian e Jamie funzionavano tanto bene insieme: lei aveva affrontato le sue stesse difficoltà, ma adesso, da attrice affermata, non lo vedeva come un rivale. Al contrario, voleva aiutarlo e dargli consigli.

Anche lei si era divertita a girare *The Fall*, che reputava un'ottima serie e le aveva offerto un ruolo magnifico. Da qualche tempo l'attrice americana si era trasferita nel Regno Unito, e le era già successo di recitare in serie tv di altissimo profilo, non ultimo lo sceneggiato di *Grandi speranze*, ma aveva intuito subito il potenziale del copione di *The Fall*. «Dei personaggi che ho interpretato, forse Stella è la mia preferita» ammise. «Non ho ancora trovato il modo di dirlo senza farci una figuraccia, ma credo mi somigli più di tutti i ruoli ricoperti finora. Il guaio è che tendo a confessarlo appena dopo aver dichiarato che è una tipa fichissima, e insomma, suona proprio male! Come donna, però, mi piace sul serio, più di quanto mi piaccia io stessa. È speciale.»

Ci aveva azzeccato in pieno. Stella aveva realmente

qualcosa di particolare, era dotata di una personalità complessa e affascinante, sfaccettata e avvincente quanto quella di Paul. E quanto al fatto di immedesimarsi tanto in lei, be', forse Gillian si vergognava ad ammetterlo per via della promiscuità sessuale dell'ispettrice nella finzione televisiva. Ma bisogna riconoscere che il suo personaggio non è soltanto una mangiatrice di uomini: è anche una donna di potere in un mondo tutto al maschile, una professionista competente, capace di assumere il controllo e la cui maschera di ghiaccio tradisce il fuoco che le brucia dentro.

Il botta e risposta tra i due colleghi rivela moltissimo di entrambi. Non solo ciascuno imparava tanto dall'altro, durante le riprese, ma si sostenevano a vicenda. E lasciando il proprio ambiente d'origine, entrambi avevano scoperto opportunità prima inaccessibili. «A Los Angeles essere un modello non ti intralcia per niente» disse Jamie, tornando su un tema a lui familiare. «Là nessuno dà per scontato che tu non sappia recitare soltanto perché hai posato per delle foto con la spalla appoggiata al muro e l'aria imbronciata. In Inghilterra, invece, è un vero marchio d'infamia: se hai fatto il fotomodello per mantenerti, come attore sei spacciato.»

«È strano, perché la mia esperienza è l'esatto contrario» intervenne Gillian. «Al mio primo arrivo qui, mi fu offerta *Casa desolata*, un progetto diversissimo da qualunque cosa avessi mai fatto in passato. Negli Stati Uniti, un ruolo simile potevo sognarmelo. In patria ero prigioniera dell'agente Scully, mentre in Inghilterra si sono fidati di me anche per una parte in costume. Non ci credevo nemmeno io. Mi veniva da chiedere: "Siete proprio sicuri che io sia la persona adatta?".»

«Ehi, attenta a come parli dell'agente Scully!» si intromise Jamie. «È un personaggio fortissimo, *X-Files* è stato un successo clamoroso e tu lo hai interpretato magistralmente.» Proprio non riusciva ad aprire bocca senza rivolgerle un complimento. «Hai dato prova di grande recitazione per nove anni filati, mentre io li ho passati davanti a un obiettivo. Il settore della moda mi ha dato tanto, non lo nego, ma mi è quasi costato il futuro da attore.»

«Ancora un paio d'anni su questa scia e cambierà tutto, vedrai» lo rassicurò lei, e naturalmente aveva ragione. La costante insicurezza del ragazzo dovuta al proprio passato da modello non era infondata: aveva davvero dovuto sopportare i pregiudizi di gente persuasa che non potesse passare da un impiego all'altro, e faticava ancora a convincersi che quei tempi erano finiti e ormai il pubblico lo percepiva in modo diverso.

Anche Gillian aveva i suoi problemi, ma ben più pratici delle angosce del collega. Il set della serie era a Belfast mentre lei abitava a Londra. Che fosse disposta a quelle continue trasferte era un'ulteriore dimostrazione di quanto *The Fall* le stesse a cuore. «Accetto i copioni in base alle tempistiche, alla compatibilità con i miei impegni e seguendo l'umore del momento» proseguì. «In questo caso, mi sono innamorata del progetto e ho deciso che valeva qualche rinuncia. Si trattava in fin dei conti di organizzarsi al meglio. E poi mi piace sperimentare qualcosa di nuovo rispetto al passato. Piuttosto non capisco come sia possibile che alcuni attori vestano i panni di uno stesso personaggio in sessanta pellicole di seguito. Io divento matta quando ho l'impressione di rifare la stessa cosa.» Jamie lavorava da troppo poco tempo perché il problema lo riguardasse, ma finora aveva interpretato ruoli talmente diversi da promettere molto bene anche per il futuro.

Il giornalista di «Red» volle sapere poi del loro rapporto durante le riprese. I due risposero che andavano d'accordissimo, ma in realtà le occasioni di trovarsi insieme sul set erano state molto poche. Per di più il giovane irlandese non aveva avuto modo di portare la collega a fare un giro turistico nel centro di Belfast, poiché il continuo andirivieni da Londra le lasciava ben poco tempo libero. Se non era sul set, la Anderson era in albergo o in viaggio verso l'Inghilterra per tornare dalla famiglia. Lei stessa ammise di condurre un'esistenza quasi da eremita.

Per contro, lui era stato ben felice di ritrovarsi in patria. Non gli era capitato spesso di poter combinare lavoro e piacere, vita professionale e affetti; *The Fall*, invece, gli aveva offerto l'occasione ideale per godersi al meglio entrambi.

«Per me è stata un'esperienza molto diversa dal solito» disse. «Mio padre e alcuni dei miei migliori amici abitano a Belfast. Da bambino ci vivevo anch'io, sebbene fossi in periferia e non avessi mai vissuto la città come durante la lavorazione della serie. Per i tre mesi di registrazione, infatti, ho abitato in un appartamento in centro, e ho potuto vedere la città sotto una luce diversa. Nel mio giorno libero mi svegliavo e scendevo al bar a bere un caffè e a leggere i giornali. Non lo avevo mai fatto, e mi è piaciuto. Per una volta, è stato bello poter parlare con il mio accento senza sentirmi chiedere di ripetere ogni frase!» Prima di allora, infatti, aveva dovuto camuffare la cadenza irlandese, una fatica in più rispetto ai suoi colleghi americani; in quel caso, invece, conoscere la parlata locale rendeva più credibile la sua interpretazione, considerate le origini del personaggio.

Ma non sarebbe durata ancora a lungo. Presto gli sarebbe toccato adottare l'inflessione di Seattle. Il suo appuntamento con il destino si avvicinava: stava per essere scritturato per la parte di Christian Grey.

Come già accennato, dopo l'uscita dal cast di *C'era una volta* Jamie era ricomparso in un solo episodio e ormai, vera o falsa che fosse la voce secondo cui se n'era andato suo malgrado, adesso non sarebbe potuto tornare nemmeno volendo. Aveva già troppa carne al fuoco. A Los Angeles, i produttori restarono un po' male per la piega presa dagli eventi, ma furono comunque felici per il loro giovane protetto.

«L'anno scorso, quando è tornato per girare l'episodio *Benvenuti a Storybrooke*, è stato bellissimo riaverlo con noi» dichiarò ad *accesshollywood.com* il produttore esecutivo, Edward Kitsis. «È amico di tutti noi, e un beniamino della serie, ma purtroppo quest'anno passerà direttamente dal set di *Cinquanta sfumature* a quello di *The Fall* per la seconda stagione, quindi non ci saranno possibilità di riaverlo in *C'era una volta*.»

«È strano,» aggiunse Adam Horowitz «perché il suo ruolo era stato concepito in origine come parte dei primi sette episodi, ma con l'intenzione di reinsediarlo in seguito. In ogni caso, è gratificante sapere che anche altri abbiano riconosciuto il suo talento.»

Ma se il Cacciatore era morto, quale espediente avrebbero usato per reinserirlo nella trama? «Chiedetecelo dopo il finale» rispose Kitsis. «A quel punto potremo raccontarvi esattamente cosa pensavamo di fare, e resterete delusi quanto noi che non sia stato possibile. Avrete la stessa espressione triste che ho io in questo momento.»

«Ci manca moltissimo,» ammise Horowitz «ma siamo molto felici per lui.»

«A essere sinceri, ci piacerebbe attribuirci il merito del suo successo» aggiunse Kitsis. «Siamo i suoi fan numero uno.»

«Siamo davvero contenti per lui» concordò Horowitz. «Ovviamente saremmo entusiasti di riaverlo con noi, ma adesso è davvero richiestissimo, come peraltro merita. È un attore di grande talento.»

Altroché. E presto la sua carriera avrebbe compiuto un altro balzo in avanti. Prima, però, Jamie avrebbe dovuto imparare a gestire l'enorme attenzione nei suoi confronti e il circo mediatico che circonda una vera celebrità.

11
Dopo *The Fall*

Il 2013 stava andando alla grande per Jamie. Finalmente non si pensava più a lui solo come all'ex di Keira Knightley – progresso cui aveva contribuito il matrimonio di entrambi – e la sua interpretazione di Paul Spector era stata acclamata dal mondo intero. L'attore irlandese era ben cosciente della sua fortuna. «Ho corso un grosso rischio, e ne ero consapevole» dichiarò al «Times». «Non mi era mai toccata una parte da protagonista, non avevo mai lavorato per la televisione inglese e se l'unica serie americana in cui comparivo non fosse andata in onda anche nel Regno Unito credo che non mi avrebbero nemmeno preso in considerazione per *The Fall*. Sarei stato del tutto fuori gioco.»

E ora quella produzione inglese lo aveva portato esattamente dove voleva. In un'intervista concessa al «Sun» dopo la lavorazione di *The Fall* ma prima della messa in onda, tornò a parlare dei problemi di chi passa dalla carriera di modello a quella di attore. «Tra i telespettatori della BBC sono ben pochi a sapere che facevo l'indossatore. Chi fa quel mestiere finisce bollato. Io volevo recitare fin da piccolo, ma varie cose si erano messe di traverso. *The Fall* è un altro pianeta rispetto alle mie apparizioni precedenti, e non vedo l'ora che venga trasmesso, perché credo possa cambiare almeno un pochino la mia immagine agli occhi del pubblico.» In verità, la cambiò in modo radicale. Non sarebbe più stato considerato soltanto un bel faccino.

Gli effetti del telefilm si fecero sentire anche sul resto del cast. Per esempio sull'attrice irlandese Séainín Brennan che, come Jamie, proveniva da un altro settore – nel suo caso la politica europea – e in *The Fall* aveva vestito i panni di Liz, una madre in lutto in cura da Spector e a causa della quale il killer rischia di finire linciato dalla folla. «È stata un'esperienza straordinaria da moltissimi punti di vista» disse al «Daily Mirror». «Ho recitato accanto a Jamie Dornan, nella parte di Paul Spector, e a Gillian Anderson in quella di Stella Gibson. Finora è stato il mio ruolo più impegnativo, una vera sfida considerata la difficoltà della tematica. Il mio personaggio ha perso il suo unico figlio da sole tre settimane a causa di una diagnosi errata e per lei è come se il mondo si fosse fermato: nessuno suona più il campanello, gli amici smettono di telefonarle. Vogliono lasciarle i suoi spazi per permetterle di riprendere in mano la sua vita, ma il dolore che prova è troppo grande. Così chiede aiuto a Paul Spector, non avendo ovviamente la minima idea che lui sia un serial killer. A sua volta lo psicologo comincia a sviluppare con lei una relazione del tutto non professionale, proprio nel momento in cui la donna è più vulnerabile. Fin dal primo episodio, la vicenda di Liz è un ottovolante emotivo: lei è profondamente traumatizzata e sta attraversando il periodo più difficile della sua esistenza. Il copione era credibile, e davvero straziante. Quando l'ho letto non riuscivo a smettere di pensarci. Come attrice, prediligo i personaggi che presentano una forte attinenza alla realtà, e in questo caso ho potuto addirittura fare tesoro dell'esperienza di due persone a me molto care che hanno vissuto davvero questa spaventosa tragedia.»

Anche Allan Cubitt (che si era già fatto notare come sceneggiatore di *Prime Suspect*) conquistò lodi sperticate. Il torbido Spector era opera sua quanto di Jamie, e in molti gli chiesero come lo vedesse. «Non lo considero uno psicopatico» ammise al «Daily Telegraph». «È un caso limite, certo, ma resta pur sempre un essere umano. Grazie a Dio, io non provo i suoi stessi impulsi, però so cosa significhi avere una vita parallela. Sono uno scrittore e al tempo stesso un uomo come gli altri.» Di fronte al giornalista che gli pose l'insidiosa domanda su un eventuale collegamento tra le sue fantasie più nascoste e quelle del suo protagonista, Allan non si tirò indietro. «Non è facile rispondere. Sono felice di poter affermare che non ho comportamenti violenti, ma nella vita mi è capitato di provare una vera e propria ossessione per qualcuno. Mi è successo dopo la fine di una storia molto importante. Credo di aver dato il peggio di me in preda ai miei accessi di gelosia. Sono quei momenti di follia pura in cui non riesco a trattenermi: scaglio oggetti contro i vetri, sfondo a calci le porte...»

Non da ultimo, anche la BBC ci aveva guadagnato. Il debutto di *The Fall* registrò il massimo gradimento per una serie drammatica del canale Two da cinque anni a quella parte, con tre milioni e mezzo di spettatori, pari al quindici per cento dell'audience totale. Stephen Wright, responsabile del dipartimento sceneggiati per l'Irlanda del Nord, si dichiarò «elettrizzato» del risultato e Ben Stephenson, direttore del dipartimento per l'intera BBC, definì il telefilm «un prodotto televisivo straordinariamente ispirato».

Gli unici a non trarne un gran vantaggio furono, strano a dirsi, i membri della comunità di attori nordirlandese. Drew McFarlane, dirigente del sindacato artisti per l'Irlanda del Nord e la Scozia, non fu per niente soddisfatto. «Abbiamo per le mani una produzione di enorme successo ambientata a Belfast, eppure guardate il cast: quasi tutti gli attori, compresi quelli originari dell'Irlanda e dell'Irlanda del Nord, vivono a Londra. Chi ha scelto di restare in patria ha ottenuto al massimo una comparsata, senza nemmeno una battuta da pronunciare. Il perché è chiaro: le audizioni si sono tenute a Londra prima che la produzione si trasferisse qui, perciò ai locali sono rimaste soltanto le briciole. Capisco l'esigenza di scegliere un volto noto per le parti dei protagonisti, ma era necessario usare lo stesso criterio per l'intero cast? I nostri artisti meritano l'opportunità di emergere con un buon prodotto televisivo, invece di accontentarsi di lavorare tre soli mesi l'anno al teatro lirico di Belfast. È per questo motivo che fuggono dall'Irlanda, perché qui non hanno la possibilità di lavorare e mantenersi. Se continua così, il loro esodo avrà ricadute su ogni aspetto culturale del paese. È una cosa inaccettabile.»

Le note stonate di questo tenore furono rare, ma qualcuna si fece sentire. Alcuni commentatori si dichiararono turbati dal tema della serie e dalle sequenze troppo esplicite dei delitti. E qualcun altro criticò persino il fatto che Jamie fosse troppo bello e affascinante per il ruolo, al punto da far dimenticare che il suo personaggio era un killer brutale e spietato. Di sicuro, secondo alcuni, certe scene di violenza avevano superato i limiti.

Intanto, però, la soddisfazione di Ben Stephenson cresceva di pari passo con la trasmissione dei singoli episodi, e quando venne il momento di annunciare la seconda stagione, sprizzava gioia da tutti i pori: «Per BBC Two, *The Fall* è stato un trionfo sia di critica sia di pubblico, e il segno di una rinascita del genere drammatico sul nostro canale. Avendo a disposizione la brillante e avvincente sceneggiatura di Allan Cubitt, con i tanti colpi di scena a venire e il coinvolgente talento di Gillian e Jamie, non potevamo esimerci dal lanciarne un seguito. Ovviamente non entrerò nel dettaglio, per non rovinare l'eccezionale suspense creata dall'ultima puntata, ma posso garantire agli spettatori che la seconda stagione sarà intensa e sorprendente quanto la prima».

Allan era altrettanto contento. «La BBC si è dimostrata un partner di grandissimo aiuto in questo progetto, e lavorare con la sua consociata nordirlandese e con l'Artists Studio è stata l'esperienza più bella della mia carriera. Fin dal principio avevo concepito *The Fall* come una serie a più stagioni, e desidero congratularmi con Gillian Anderson e Jamie Dornan per l'interpretazione ineccepibile.»

L'ideatore della serie rivelò poi che a ispirargli il personaggio di Paul Spector non era stato Ted Bundy, ma un omicida depravato di nome Dennis Rader, che uccise dieci persone a Wichita, in Kansas, riuscendo per quasi quarant'anni a sfuggire alla giustizia. «Sì, entro certi limiti, Spector è Rader» disse al «Sunday Times». «Ho letto la sua storia nel libro che hanno scritto i cronisti che si erano occupati del caso a Wichita. Rader sequestrava le sue vittime, le torturava e le uccideva, come Spector. E poi mi piaceva l'idea di ambientare la vicenda in una piccola città. Belfast e Wichita hanno entrambe all'incirca 500.000 abitanti, e in città di quella grandezza si pensa sia più difficile che un assassino seriale passi inosservato, rispetto che in una metropoli. Come Rader, anche Spector è una persona apparentemente normale. Tutti e due sono sposati con due figli, e hanno un impiego di responsabilità.»

L'omicida del Kansas commise i suoi delitti tra il 1974 e il 1991, in genere soffocando o strangolando le sue vittime, e causò lui stesso il proprio arresto, avvenuto nel 2005, inviando una lettera alla polizia. Fu condannato a dieci ergastoli senza condizionale (pena che sta ancora scontando). Come lo psicologo della serie, era all'apparenza un cittadino al di sopra di ogni sospetto: marito e padre di famiglia, era gentile con i vicini e presidente del consiglio della congregazione luterana locale. Lavorava addirittura per una società di sistemi di sicurezza, installando allarmi nelle case degli abitanti terrorizzati al pensiero di un serial killer a piede libero nella loro comunità.

«L'aspetto che mi affascina degli assassini seriali è la presunzione di poterla passare liscia» confessò Allan. «Sono tipicamente dei megalomani. Quelli non psicopatici, ed è il caso di Spector e Rader, sono almeno in parte capaci di distinguere tra bene e male. Tra le altre cose, il libro su Dennis Rader mi aveva affascinato perché si apriva sulla scena del suo primo crimine. Fu quel particolare a suggerirmi la trovata, molto semplice in realtà, di scrivere una sceneggiatura in cui il colpevole fosse noto fin dal principio. Pertanto non si tratta di un giallo da manuale; non è stato necessario depistare lo spettatore inventando falsi sospettati: chi sia il killer lo sappiamo già. L'interesse non si concentra sull'indagine ma sulla personalità dell'uomo, sulla ritualità dei suoi delitti, sulla sua famiglia e sulla polizia.»

Gli apprezzamenti per Jamie continuavano a moltiplicarsi. Il «Sunday Times» gli domandò come affrontasse la propria celebrità. «Un po' mi preoccupa» ammise lui. «Per la strada non mi capita sempre di venire riconosciuto, ma temo anche che gli altri mi vedano nel modo sbagliato. Quando un attore diventa noto per un personaggio perverso, è quasi automatico pensare che sia un balordo anche lui.»

Comunque Jamie non aveva perso il senso dell'umorismo, e lo dimostrò raccontando come aveva reagito la neomoglie guardando le puntate di *The Fall*. «Amelia non aveva visto il terzo episodio, così lo abbiamo guardato insieme» disse. «Dopo la visione, per una mezz'oretta mi ha girato al largo. In un certo senso ho dovuto riconquistare la sua fiducia. È stata una reazione interessante. Non mi ero reso conto fino in fondo dell'effetto che Paul Spector potesse fare sugli spettatori. E non credevo di apparire tanto minaccioso. Ma se l'interpretazione è così efficace significa che in parte quel lato oscuro era dentro di me, ed era un pensiero piuttosto allarmante. A essere sincero, perfino io ho fatto fatica a rivedere alcune scene. Durante la lavorazione non avverti la suspense, perché le sequenze vengono girate in ordine sparso, ma quando l'episodio è montato, la vicinanza tra la vita diurna di Spector, con moglie e figli, e quella notturna di assassino è impressionante. Capisco perché gli spettatori abbiano avuto qualche difficoltà a guardarlo.»

Nonostante il successo, non riusciva ad accantonare un argomento che sembrava pesargli ancora. «Quello di aver fatto l'indossatore è un marchio che mi segnerà a vita. Nessuno si scandalizza se un attore posa come testimonial per una campagna pubblicitaria, ma a ruoli invertiti la gente pensa subito: "Chi si crede di essere? Che sfigato. È impossibile che sappia recitare". Io stesso, se leggessi un'intervista in cui si dice "modello diventato attore", penserei: "Oddio, ma che diavolo si è messo in testa? Come gli è venuto in mente di saper recitare?".»

Nei fatti, tuttavia, Jamie aveva dimostrato il contrario. «È stato incoraggiante» affermò, troppo modesto per ammettere di aver dato prova di un brillante talento. «Moltissime persone non mi accetteranno mai come attore, a prescindere da ciò che faccio, perché ho lavorato a lungo come fotomodello. Quindi so che ci sarà sempre qualcuno – e ne conosco parecchi – pronto a puntare il dito: "Si sforza di recitare, ma resta soltanto un modello". Comunque, è un inizio. E nessuno potrà togliermi questa serie. L'ho interpretata, esiste, e dovrei... anzi, ne sono orgoglioso. Non di me stesso, ma del prodotto sì.»

Lui stesso, d'altro canto, era combattuto riguardo alla sua carriera nella moda: da un lato la sentiva come un intralcio verso la meta cui aveva sempre puntato, ma dall'altro quell'impiego gli aveva garantito ottimi guadagni e offerto un trampolino di lancio verso la celebrità. Non era da ingrati criticare quel settore? Senza contare che i suoi copioni prevedevano regolarmente che si levasse quasi subito la camicia, mostrando il celebre torso e richiamando alla mente degli spettatori il passato da indossatore.

Ciononostante, grazie al suo carattere sereno e affabile, Jamie affrontava con tranquillità ed equilibrio la questione ogni volta che si ripresentava, ovvero di continuo. «Non è un mestiere che mi entusiasmi» rivelò al «Sunday Times», sforzandosi di chiarire che se l'era lasciato alle spalle senza però sminuire l'ambiente che gli aveva dato lavoro (e che, di tanto in tanto, gliene offriva ancora). «Nutro un rispetto enorme per l'industria della moda e della pubblicità. Se ripenso alle campagne in cui sono comparso, ne sono fiero. E quando hai il mutuo da pagare, be', è davvero un aiuto prezioso. Io, però, ho sempre saputo di voler fare altro. Forse ho lavorato troppo a lungo nell'ambiente, e questo mi ha danneggiato. Se appari in troppe campagne di alto profilo, non sei più soltanto il modello di una foto. Diventi un marchio. A me è capitato con Calvin Klein. E questo è rischioso, perché poi la gente fatica a vederti in modo diverso. Temo che quell'etichetta mi resterà incollata a vita.»

Ma non erano solo i suoi ingombranti trascorsi nella moda a tormentarlo: il fatto di essere stato scelto come protagonista di *The Fall*, e dunque per il ruolo del maniaco anziché di quello, molto meno importante, di un agente di polizia, gli provocava una certa inquietudine. «Mi ha messo ansia sapere che in quella stanza, mentre cercavo di risultare credibile nella parte di poliziotto, i presenti avevano intravisto in me un serial killer» spiegò. «Non so se offendermi o esserne lusingato... Dopo aver ottenuto l'ingaggio, poi, ero terrorizzato: mi ero convinto che dopo le prime prove mi avrebbero licenziato in tronco, accorgendosi di aver commesso un errore.» Dichiarazioni simili tradivano una grande insicurezza, forse comprensibile in chi sperimenta per la prima volta la fama. Dopo tanta gavetta, di colpo la sua carriera aveva subito una grande accelerazione. Non era facile abituarsi al cambiamento di status e alla reazione dei suoi pari.

Per di più si sentiva costantemente in dovere di rassicurare il pubblico sulla distanza tra il vero se stesso e il suo personaggio. Un ragazzo affabile, dotato di un magnifico senso dell'umorismo e felice nella sfera privata non poteva non angosciarsi al pensiero che il mondo lo identificasse con un mostro. Non voleva trovarsi prigioniero di quella parte. «Prima di cominciare la lavorazione della seconda stagione mi piacerebbe interpretare qualcosa di completamente diverso» disse. «O quantomeno qualcuno che non si diverte ad ammazzare la gente. Se possibile, sarebbe bello ottenere un ruolo comico. Sono di indole allegra; mi piace divertirmi, ridere, e una commedia mi calzerebbe a pennello.» In realtà, come sappiamo, sarebbe finito sulle prime pagine di tutti i giornali per il ruolo di un altro individuo tormentato, anche se nella sua Stanza Rossa delle Torture non ammazzava nessuno.

Perfino i colleghi del giovane Dornan tenevano a dissipare ogni dubbio di una sua possibile somiglianza con il mostro che impersonava. «Jamie è una delle persone più equilibrate e sincere che abbia incontrato in vita mia» riferì Séainín Brennan al «Mirror». «È gentile e generoso. Il collega ideale. Sono convinta che la generosità sia una caratteristica delle grandi star. Ho avuto la stessa impressione con Philip Glenister, quando ho lavorato con lui sul set di *Hidden*.» Il suo interesse per il collega irlandese, precisò la donna, era però strettamente professionale. «Che sia bellissimo è evidente, ma è soprattutto un grande attore. E poi ho un fidanzato che adoro; lavora in banca.»

A quel punto era ormai deciso che *The Fall* sarebbe proseguita con una nuova stagione, sebbene gli stessi interpreti non sapessero con esattezza cosa li aspettava. La presenza di Jamie e Gillian era garantita, ma per gli altri regnava l'incertezza. La Brennan ne parlò a nome di tutti. «Nessuno di noi sa ancora se verrà confermato per la nuova stagione. Ma dall'istante in cui ho aperto il copione della prima, ho capito che sarebbe stato un progetto fenomenale. Non riuscivo a smettere di leggere. E il cast era una squadra da sogno, un aspetto sempre decisivo per qualsiasi progetto. La vicenda è ambientata in Irlanda del Nord ma non riguarda i *Troubles*, è una storia completamente diversa. Inoltre ormai è trasmessa in tutto il mondo, il che è prova del suo successo strepitoso. Mi auguro che per la seconda stagione il cast resti invariato, ma seguirei la serie anche da semplice spettatrice. Per ora posso solo incrociare le dita e sperare di farne parte. Ma se così non fosse non intendo perdermela.»

Le lodi si susseguivano. *The Fall* si aggiudicò la nomination come Migliore serie drammatica ai National Television Awards del 2014, e Gillian quella per la categoria di Miglior detective televisivo. Gli Irish Film and Television Awards decretarono Jamie come star emergente dell'anno.

L'interesse che circondava Dornan non accennava a calare e i media cominciarono a chiedergli come si preparasse ai suoi ruoli. Per *The Fall* si era molto parlato della sua capacità di rivelare lo stato d'animo di Spector attraverso la gestualità delle mani, e «Interview» gli domandò quanto contasse la fisicità nella sua tecnica recitativa. «È difficile definire un "attore fisico"» rispose. «Entro certi limiti, ogni parte richiede una componente fisica nella sua interpretazione, ma da spettatore preferisco che se ne faccia un uso parsimonioso, quel tanto che basta per essere funzionale alla storia che si sta raccontando. Le interpretazioni sopra le righe mi irritano parecchio, anche se alcuni artisti del calibro, per esempio, di Mickey Rourke o Christopher Walken, che sono capaci di offrire performance imprevedibili ed emozionanti, riescono a lasciarmi spesso senza fiato. E poi ci sono attori che credono di essere alla loro altezza e si affannano inutilmente, si agitano come matti quando basterebbe che stessero fermi a recitare le loro battute per risultare convincenti.»

Era un aspetto piuttosto rilevante nel caso di personaggi dalla psicologia complessa, e Jamie stava già riflettendo su come mettere in pratica la lezione nella seconda stagione di *The Fall*. «Il mio è un approccio che si può definire "minimalista". E quando ci si è calati davvero nella parte, dopo un paio di settimane sul set, si acquisisce sempre più sicurezza. Nella seconda stagione Paul Spector riveste un'importanza maggiore di quanto mi aspettassi. Lo interpreto ormai da due anni e, anche se non sono rimasto nei panni del mio serial killer per tutto questo tempo, quando sono lui mi sento perfettamente a mio agio, ed è un'esperienza rara quanto grandiosa.»

Stava anche diventando uno di quei pochi attori capaci di imporsi sia sul piccolo sia sul grande schermo.

Come conciliava i due aspetti del lavoro? In genere si ritiene che i due diversi formati impongano stili recitativi differenti, e questo fa sì che anche le grandi star della tv rischino di risultare meno efficaci al cinema. Quanto a Jamie, a «Interview» dichiarò: «Io affronto i ruoli televisivi o cinematografici in modo piuttosto simile. Ho appena finito di guardare la serie *True Detective* e non mi è mai parso neanche per un secondo che Matthew McConaughey e Woody Harrelson fossero fuori luogo perché provengono dal cinema. Al contrario, li ho trovati davvero formidabili, epici. A volte penso che gli attori siano attratti dalle buone serie tv perché la struttura a episodi ti concede più tempo per convincere il pubblico, per dare forma al tuo personaggio e raccontarne la storia, e questo è un grande vantaggio».

Sempre più i media seguivano ogni suo passo, analizzavano ogni sua parola. Lui affrontò bene la situazione, ma deve averlo sorpreso la curiosità nei suoi confronti, perfino per i dettagli più irrilevanti. Quando si è famosi, qualsiasi affermazione acquisisce risonanza, e le sue non facevano eccezione. Il «Sunday Times» lo interpellò per un sondaggio sullo stile maschile, dal titolo: *Non uscirei mai di casa senza...* Lui sembrò rientrare senza difficoltà nel suo ruolo di testimonial della moda: «I miei boxer preferiti sono quelli Sunspel. Per me sono come una seconda pelle. E da poco ho scoperto che la stessa marca produce anche una linea di abbigliamento». Alla domanda su quale sarebbe stato il suo lavoro ideale se non avesse fatto l'attore, rispose: «Mi piacerebbe aprire un negozio, per metà di giocattoli antichi, come il Cheshire Cat di Hillsborough, in Irlanda del Nord, e per metà di gadget divertenti. Erano i miei negozi preferiti da bambino, e a chiunque serve almeno un fiore di plastica con lo spruzzino per l'acqua».

Non aveva motivo, però, di immaginare una carriera alternativa, visto che la sua andava sempre meglio. Nel luglio del 2013 fu annunciata la sua partecipazione a una nuova serie dal titolo *New Worlds*, uno sceneggiato in costume, ambientato all'epoca della Restaurazione. «*New Worlds* è avvincente. Strutturato in quattro episodi, è un affresco delle lotte politiche che in patria e all'estero fecero seguito alla rivoluzione inglese» spiegò il responsabile del dipartimento sceneggiati di Channel 4, Piers Wenger. «Il copione ha attirato un cast di talenti diversi e brillanti, e siamo impazienti di vederli all'opera.»

Jamie stava anche diventando molto ricco, con proprietà a Notting Hill e sulle colline Cotswolds. Un giornalista gli rammentò l'intervista su Keira di qualche anno prima, quando aveva dichiarato di non sentirsi alla sua altezza. E gli chiese cosa ne pensasse adesso che era divenuto anche lui una star. «Ho detto davvero quelle cose?» replicò stupito. In effetti, si era trattato di una rara caduta di stile per una persona in genere sempre tanto equilibrata. Comunque ormai non se ne preoccupava più. Dopotutto, come suggeriva il titolo del nuovo lavoro per cui era stato ingaggiato, stava per conquistare "nuovi mondi"...

12
Nuovi mondi

Alternando cinema e televisione, Jamie stava senz'altro dimostrando una notevole versatilità. Era passato da fotomodello a cacciatore di fiabe a serial killer, presto sarebbe stato scritturato per *Cinquanta sfumature di Grigio*, nel ruolo di un eroe romantico con tendenze sadomasochistiche, e ora stava per mettersi alla prova con una parte in costume. Gli era già capitato con *Marie Antoinette*, ma in quel caso la sua era stata soltanto una particina, e il taglio storico piuttosto inconsueto. Adesso, invece, si sarebbe trattato di un vero e proprio sceneggiato in costume, *New Worlds*, di Channel 4.

Ambientato all'incirca nel 1680 sulle due sponde dell'Atlantico, questo progetto era il sequel di *The Devil's Whore*, andato in onda nel 2008. Sebbene l'ingaggio di Jamie fosse stato annunciato prima che l'attore venisse scritturato come Christian Grey, la serie è stata trasmessa solo nella primavera del 2014. La tempistica si rivelò al tempo stesso vantaggiosa e controproducente: da un lato, la sua partecipazione attirò molta più pubblicità di quanta il telefilm ne avrebbe ricevuta senza di lui; dall'altro, e per il medesimo motivo, lo scarso successo del programma ebbe una risonanza maggiore. Era la prima volta che l'artista irlandese sentiva addosso il peso delle aspettative. Se era riuscito a confutare i detrattori che, per il suo passato di modello, gli avevano pronosticato il fiasco nella recitazione, ora doveva affrontare le critiche dovute proprio alla sua fama. La sua stella era arrivata tanto in alto e in modo così fulmineo che non mancavano gli invidiosi pronti ad abbatterla.

In *New Worlds*, Jamie interpretava il ruolo di Abe Goffe, «un giovane ribelle e idealista deciso a mettere fine al potere tirannico della monarchia», per dirla con le sue parole. «Il mio personaggio lotta per tramutare l'Inghilterra in una vera repubblica e per detronizzare gli Stuart», spiegò a Channel 4 «la stessa battaglia condotta da William Goffe, reale figura storica e padre idolatrato di Abe. Il figlio si impegna a proseguirne la battaglia e a conquistare nuovi sostenitori alla causa. È un impulsivo, a volte troppo, e un po' incline alla violenza, ma nel corso della vicenda scoprirà che esistono altri sistemi per agire, oltre alle maniere forti.» La serie era diretta da Charles Martin e scritta da Martine Brant e Peter Flannery, tutti nomi molto rispettati nell'industria televisiva.

I protagonisti erano quattro: Abe, Ned (Joe Dempsie, di *Game of Thrones* e *Skins*), Beth (Freya Mavor, che si era fatta un nome con *Skins*) e Hope (Alice Englert). Il cast annoverava attori molto giovani e attraenti ma, come a volte accade, proprio queste qualità furono considerate un deterrente per la serietà del testo.

La storia ha inizio in Inghilterra, dove la Restaurazione ha riportato la monarchia. Insediato sul trono, Carlo II scatena un regime di terrore (com'era prevedibile, considerato che i rivoluzionari gli avevano decapitato il padre) ed estende il proprio dispotismo fino alla sponda opposta dell'oceano, nel "Nuovo Mondo". Lì nascono i primi fremiti rivoluzionari contro il dominio britannico e in favore dell'indipendenza; ma i coloni sono anche alle prese con gli indiani, contro i quali ingaggiano una vera e propria guerra di invasione, esercitando un'oppressione spietata quanto quella della corona inglese.

C'è forse una vaga eco del Cacciatore nel personaggio di Abe, un fuorilegge. Nel primo episodio, la contessa di Seacourt, Angelica Fanshawe, è intenta a proteggere il marito cattolico John Francis e la figlia Beth dalla vendetta del tiranno; intanto, in territorio americano, la lotta è cominciata. Nel secondo episodio, John Hawkins manda il figlio Ned in Inghilterra, dal Massachusetts, per metterlo al sicuro dagli agenti del re. Il ragazzo chiede al padre di consegnare a Hope una lettera in cui spiega il motivo della sua partenza, ma l'uomo la distrugge, avendo già deciso che la fanciulla dovrà sposare il vedovo Henry Cresswell: in una comunità puritana, non è accettabile che una donna resti sola.

In Inghilterra, intanto, Abe e Beth si sono innamorati e vivono da fuorilegge a Wightham Woods. I due fanno esplodere le cave di argilla dell'avido proprietario terriero George Hardwick, che schiavizza i suoi operai. Sullo sfondo, il giudice Jeffreys raccoglie informazioni da usare contro Angelica Fanshawe e suo marito, mentre Abe organizza un attentato per assassinare Carlo II. Quando il tentativo fallisce, la contessa e sua figlia Beth vengono condannate a morte come complici. La donna riesce però a far tramutare la pena della ragazza in un esilio nel Nuovo Mondo.

Il viaggio, tuttavia, non va come previsto: nel terzo episodio, la sua nave naufraga sulla costa del Massachusetts, e Beth viene salvata dalla tribù indiana dei Wawanaki. A Boston, Ned scopre che Hope ha sposato Henry, il quale, guarda caso, sta fondando un insediamento proprio sul territorio Wawanaki, e lo minaccia; sull'altra sponda dell'oceano, Abe si accorda con il colonnello Algernon Sidney per un secondo tentativo di regicidio. Quando anche questo secondo attentato va a vuoto, i due vengono arrestati.

Nell'ultimo episodio, Ned si dichiara a Hope, ma la coppia deve nascondere Beth, ora in fuga dalla legge. Abe evade dal carcere, rinuncia alla violenza e si dedica alla diffusione delle idee del colonnello Sidney. All'annuncio della morte del malvagio vecchio Carlo II, la figlia della contessa di Seacourt decide di tornare in Inghilterra, dove si riunisce ad Abe. Ned e Hope diventano rivoluzionari.

Il cast era impaziente di parlare dei propri personaggi. «Dal mio punto di vista, uno degli aspetti più interessanti di Ned era che, di tutti i personaggi, era lui a compiere il "viaggio" più lungo, se mi passate il termine da accademia di teatro. È lui l'elemento morale, poiché fin dal primo episodio sorge in lui il seme del dubbio» affermò Joe a *redcarpetnewstv.com*.

Anche Freya era entusiasta del proprio ruolo. «Incontriamo Beth per la prima volta nel giorno del suo ventunesimo compleanno, alle soglie dell'età adulta» raccontò al «Daily Mail». «Fino a quel momento ha condotto una vita molto ritirata, beatamente ignara degli orrori in corso in Inghilterra, ma a un certo punto ogni cosa cambia.» Viene addirittura rapita. «Lei cerca di opporsi, com'è ovvio, ma la verità è che tra lei e Abe è scoccata un'attrazione palpabile. Quindi Beth vive sia una storia d'amore sia un radicale risveglio politico.»

Quanto ad Alice, a Channel 4 l'attrice definì la sua Hope Russell «il prototipo della ragazza americana. Nella sua visione, il bene e il male, la cosa giusta e quella sbagliata, sono separati in modo netto, con una semplicità caratteristica del sogno e della cultura americani. Giovane, idealista, volitiva e vendicativa, Hope vive ai margini del nuovo assetto geopolitico. Ma, con l'evolvere della sua vicenda, si rende conto degli intrecci inestricabili tra il Vecchio e il Nuovo Mondo, e dovrà affrontare le contraddizioni di essere figlia di una nazione nella quale è stato versato troppo sangue perché il sogno che rappresentava possa realizzarsi davvero».

Insomma, il cast era giovane, entusiasta e deciso a dare il meglio di sé. Il testo, però, era piuttosto blando, e probabilmente la serie non avrebbe attirato tanta attenzione se, al momento della sua messa in onda, uno degli interpreti non fosse diventato una star di primo piano. All'epoca Jamie già non poteva uscire di casa senza finire su tutti i giornali, e la pubblicità suscitata dal suo ingaggio nel film *Cinquanta sfumature di Grigio* fu così intensa da ricadere inevitabilmente perfino su *New Worlds*.

In ogni caso, l'attore irlandese si era già conquistato tante attenzioni e lodi per *The Fall* che il suo ingaggio successivo non sarebbe comunque passato inosservato. Quando gli fu chiesto se ci fossero somiglianze tra Paul Spector e Abe, posto che l'uno era un brutale serial killer e l'altro un idealista che combatte per un mondo più giusto, Jamie individuò delle analogie.

«Naturalmente i due personaggi non sono davvero paragonabili, ma mi piace interpretare uomini che nutrono passione per qualcosa» disse a Channel 4. «Per un attore è interessante vestire i panni di qualcuno che mette cura, precisione e impegno in ciò che ama. Nel caso di Paul Spector si tratta dell'individuazione e uccisione delle sue vittime, poi dell'occultamento dei suoi delitti; i moventi di Abe sono ben diversi. Anche lui, però, è un uomo molto determinato, con un obiettivo chiaro. È emozionante interpretare personalità tanto forti.»

E per riuscirci aveva studiato. L'ambientazione di *New Worlds* era in un preciso periodo storico e molti dei personaggi, non ultimo il malvagio re Carlo, erano realmente esistiti. Per approfondire la mentalità dei contemporanei di Abe e le vicissitudini del suo tempo, Jamie si era documentato, come gli altri suoi colleghi. «La produzione ci ha suggerito alcuni libri» spiegò. «Io e Freya abbiamo letto *Cavalier*, di Lucy Worsley, raccomandatoci da Martine Brant. Finirlo era diventato una specie di gara. Io lo avevo scaricato sul mio iPad, mentre lei si portava sempre dietro la sua copia; fingevo di interrogarla, per verificare se avesse "fatto i compiti". Avendo studiato a Belfast, la rivoluzione inglese non era un argomento prioritario del mio programma scolastico, e per certi versi ho dovuto cominciare da zero.» Per essere convincente come inglese, dovette camuffare l'accento irlandese, dimostrando ancora una volta, sempre che fosse necessario, di saper davvero recitare.

La stampa non smetteva di interessarsi a lui, domandandosi perché avesse accettato quel ruolo ora che poteva permettersi di scegliere. «In primo luogo, per la qualità del copione» riferì a Channel 4. «E poi si trattava di una parte che sentivo nelle mie corde, che mi affascinava. Spero che anche al pubblico piaccia, perché *New Worlds* ha soddisfatto ogni mia aspettativa. Peter Flannery e Martine Brant sono una squadra brillante, inoltre Peter non ha mai scritto un brutto copione, quindi il suo nome è una garanzia.» Non parlava soltanto dalla prospettiva di attore, ma anche da quella di spettatore. Erano anni d'oro per le produzioni televisive, e Jamie lo sapeva bene. «Adoro le serie. Mi sono appassionato a *Broadchurch* e in *Southcliffe* Joe [Dempsie] è stato brillante. Sono un fan accanito dei *Soprano*, di *Curb Your Enthusiasm* e di *Arrested Development – Ti presento i miei*; ultimamente sto seguendo *Homeland – Caccia alla spia*. Oggi c'è una vastissima scelta di ottime serie tv.» Senza contare quelle in cui compariva lui.

L'artista rifletteva a lungo sui suoi personaggi, immaginandone la storia pregressa e spiegando al mondo il modo in cui entrava nei loro panni. Com'era inevitabile, si continuò a paragonarlo al protagonista di *The Fall*, e lui stesso individuò somiglianze tra sé e Paul, e poi con gli altri suoi ruoli. «Anche Abe è un uomo problematico» disse alla rivista «Interview». «Mi riferisco a persone che hanno vissuto esperienze difficili, come abusi o violenza, che hanno modificato il corso della loro vita. Lo stesso vale per Christian Grey.»

Dopo *New Worlds* il suo carico di lavoro si preannunciava impegnativo: *Cinquanta sfumature* e poi la seconda stagione di *The Fall*, ormai attesissima. «Forse scopriremo perché Spector è diventato l'uomo che è... per questo non fatemi dire troppo. Ma c'è sempre una spiegazione dietro certi comportamenti. Nel caso di Abe, credo sia stata l'ingiustizia subita. Da giovane studiava medicina e non ha potuto proseguire perché suo padre era uno dei firmatari della condanna a morte di Carlo I. Da qui nascono le sue convinzioni politiche.»

Diversamente da Paul Spector, però, Abe era riuscito a crescere e a evolvere in una persona migliore, un cambiamento cui gli spettatori assistono nel corso degli episodi. Anche su questo Jamie aveva riflettuto. «Nel periodo in cui vive, imperversano le polemiche» spiegò alla stessa rivista. «Lui è un uomo d'azione e preferisce parlare con i pugni. Con il passare del tempo, però, nel corso dei quattro episodi, subisce una trasformazione radicale e finisce per rendersi conto che è la parola l'arma migliore. Appartiene alla categoria delle teste calde, uomini che esistono in qualsiasi epoca. Conosco molta gente fatta così, veri bastardi aggressivi. Lo si vede da come si muovono, soprattutto quando si trovano in gruppo e in presenza di sconosciuti. Arruffano subito le penne. Ho cercato di ispirarmi a loro per interpretare Abe; lui si sente a suo agio soltanto con una cerchia molto ristretta di persone.»

Sulla carta, il programma aveva tutte le carte in regola per diventare un successo: poteva contare su un cast di attori giovani, attraenti, talentuosi e appassionati al progetto; la produzione inglese vantava un ricco curriculum di drammi storici; il copione era ricco di sviluppi, di complessi temi politici di interesse attualissimo (la lavorazione coincise con la rivoluzione in Egitto); gli autori erano professionisti con anni di esperienza nella televisione. Insomma, gli ingredienti c'erano tutti. Per qualche motivo, però, la formula non riuscì. Chiunque si fosse aspettato un risultato sul livello di *The Fall*, sia pure con un prodotto completamente diverso, restò deluso.

L'accoglienza fu negativa. I critici attribuirono alla serie ogni colpa possibile, compresa quella più o meno esplicita di non essere all'altezza del suo prequel. Da Jamie, poi, ci si aspettava parecchio. Essere celebri ha molti vantaggi, ma anche lo svantaggio di avere i riflettori sempre puntati addosso. Di conseguenza, un progetto che con artisti meno noti se la sarebbe forse cavata con qualche blanda obiezione era esposto a giudizi molto più severi proprio per la presenza di una star del suo livello.

I recensori non usarono mezzi termini. «La nuova serie del martedì sera di Channel 4, intitolata *New Worlds*, è presentata come sequel di *The Devil's Whore*, lo sceneggiato del 2008 in cui Andrea Riseborough e John Simm brillavano nel ruolo di appassionata coppia del XVII secolo finita per fede politica nell'epicentro della rivoluzione inglese» scrisse Gerard O'Donovan sul «Daily Telegraph», proseguendo con un commento tipico che rispecchiava l'opinione generale: «Purtroppo *New Worlds*, creato da Peter Flannery e Martine Brant e con un nuovo e accattivante cast, manca delle qualità del suo predecessore. Per quanto si siano impegnati, gli attori – tutti ragazzi promettenti – non potevano fare molto con un copione simile e una regia zoppicante, che non ha mai trovato il giusto ritmo».

Ellen E. Jones dell'«Independent» si dichiarò dello stesso avviso. «A dispetto della sua spavalderia, questo cast di diplomati di *Skins* e di ex modelli non poteva competere con quello che lo ha preceduto in *The Devil's Whore*, un gruppo che includeva i memorabili Peter Capaldi, Dominic West, John Simm e Michael Fassbender. In particolare, si sentiva la mancanza della Riseborough, con la sua bellezza seicentesca e la presenza scenica senza tempo. Gli idealisti saranno interessanti sulle pagine dei libri, ma non catturano sul piccolo schermo. Possiamo solo augurarci che nella seconda parte il loro idealismo appaia meno intransigente, e i loro moventi più complessi.»

Sul «Sunday Express», David Stephenson optò per una recensione decisamente ironica. «I primi venti minuti stabiliscono la scena. Il problema è capire quale sia. La vicenda inizia su entrambe le sponde dell'Atlantico. Nel "Nuovo Mondo" gli indiani attaccano i coloni, forse il momento in cui si originò l'espressione: "Qui cadranno delle teste". Nel frattempo, nella cara vecchia Inghilterra, Carlo II è tornato sul trono di umore vendicativo, mentre Dornan e la sua allegra brigata di teppisti in stile Robin Hood cacciano un cervo di frodo e lo sgozzano nella tenuta di una splendida villa nell'Oxfordshire. Un misto di cataloghi di arredamento e documentari di giardinaggio.»

Hugo Rifkind del «Times» fu più generoso. «L'anno scorso, abbiamo assistito al fiasco di *The White Queen*, presentata come serie storica ma in realtà una soap opera senza niente da dire. Ambientata due secoli dopo, nel 1680, *New Worlds* è decisamente meglio. Quantomeno ha le idee chiare su cosa non è.»

Anche l'autorevole sito web Den of Geek fu abbastanza indulgente dopo la messa in onda del primo episodio. «*New Worlds* vuole essere più dell'ennesima saga di cappa e spada e passioni amorose, ma al momento né trama né personaggi realizzano le aspirazioni. Ora che la scena è stabilita, e i protagonisti in gran parte presentati, per le prossime puntate possiamo sperare di meglio da Peter Flannery e dal suo copione insolito e carico di rilevanza politica. Ne riparleremo allora.»

Con il crollo degli indici di gradimento, i critici osservarono che nemmeno la presenza di Jamie poteva salvare la serie dal fiasco – in fondo un tributo alla sua autorevolezza di star, se non al telefilm in sé. E lo stesso attore sperimentò sulla propria pelle gli svantaggi di essere un nome di chiara fama. Fu contestato persino per il taglio di capelli da mohicano. Nel complesso, l'esperienza fu deludente, ma non più di un piccolo inciampo in una carriera che passava di trionfo in trionfo.

E comunque Jamie aveva altro per la testa. Era un marito felice, peraltro impegnato nella comunità: i legami già forti del clan Dornan furono rinsaldati dal suo patrocinio di Tiny Life, associazione di beneficenza in favore dei neonati prematuri di cui era presidente suo padre. Poi, nel novembre del 2013, venne al mondo sua figlia. Dimostrando la chiara intenzione di mantenere il massimo riserbo sulla sua vita privata, l'attore – in quel momento impegnato a Vancouver, sul set di *Cinquanta sfumature di Grigio* – non rivelò né il luogo di nascita né il nome della bambina, a tutt'oggi un mistero.

Ma per quanto si sforzasse, non poteva sfuggire all'attenzione del pubblico. I siti di ammiratrici, già numerosi ai tempi della carriera di modello, si moltiplicarono ora che stava per diventare Christian Grey. Si voleva conoscere ogni dettaglio sulla sua vita, e i media esaudirono quelle richieste. Informarono i fan dei suoi libri preferiti – *Il ritratto di Dorian Gray* di Oscar Wilde e *L'uomo dal vestito grigio* di Sloan Wilson – e del suo autore prediletto, Paul Auster. Quanto ai film più amati, *Robin Hood* nella versione Disney (scelta saggia, data la sua associazione con *C'era una volta*), *Terminator*, *Die Hard – Duri a morire* e *Io e Annie* (un elenco decisamente eclettico). Le attrici preferite erano Angelina Jolie e Diane Keaton, e i musicisti comprendevano Nick Drake, Van Morrison, Neil Young, Crosby, Stills Nash & Young, Bob Dylan e KT Tunstall.

I giornalisti rivelarono perfino che Jamie soffriva di asma e doveva sempre portare con sé un inalatore; che non amava i film dell'orrore e (com'era prevedibile) le riviste di gossip; che oltre al rugby, praticava il calcio, il golf, il tennis, lo sci e la vela (che fosse questo il segreto del suo fisico?). Teneva per la squadra di calcio di Bangor, non disdegnava la musica folk e la città che più gli piaceva era New York. Da bravo ragazzo irlandese qual era, apprezzava molto anche la Guinness. Adorava gli hamburger ed era in grado di stappare una bottiglia di birra con i denti.

Insomma, era circondato a tutti gli effetti dal genere di attenzioni che aveva sperimentato indirettamente ai tempi della sua relazione con Keira Knightley, e che aveva imparato ad affrontare per tempo proprio in quel periodo. Rilasciava volentieri interviste – dato l'alto profilo dei suoi progetti non poteva certo sottrarsi – ma confidava ben poco della propria vita, pur risultando sempre molto affabile. Tutelava per quanto possibile la privacy di Amelia e della bambina, consapevole di quanto fosse difficile trovarsi sotto l'occhio costante dei riflettori.

Ovunque andasse dava prova del suo buon carattere. Fece un'apparizione al *Graham Norton Show*, tenendo testa al vivace conduttore e al duo comico Ant & Dec, oltre ad Aaron Paul di *Breaking Bad*. Divertì moltissimo il pubblico in sala raccontando della strana camminata che aveva un tempo («Il regista mi domandò: "Ma lo fai apposta per il personaggio?"»), che un vecchio compagno di scuola lo prendeva in giro per i polpacci troppo grossi («Sia chiaro, non era il nostro unico argomento di conversazione») e altri dettagli spiritosi che lo misero in buona luce. Della sua buffa andatura diede persino una dimostrazione. A quanto pareva, era stata la moglie a spiegargli che le persone appoggiano prima il tallone e poi la punta, mentre lui era solito camminare sempre in punta di piedi. Jamie rideva di se stesso, rivaleggiando in umorismo con gli altri ospiti, e gli spettatori ne furono conquistati.

La partecipazione a quel programma gli guadagnò parecchia pubblicità, e i social network si riempirono di commenti in cui gli spettatori dichiaravano di averlo trovato spontaneo e simpatico. Era autoironico, modesto e nel complesso un bravissimo ragazzo. Nessuno avanzò la minima critica sul suo conto. Per la verità, l'unica occasione in cui il suo nome era apparso in un contesto anche solo vagamente negativo era stata la pubblicazione del presunto elenco delle conquiste di Lindsay Lohan, in cui – pur continuando a negare – figurava insieme a Colin Farrell, Joaquin Phoenix, Zac Efron e tanti altri. Ma tutto questo apparteneva al passato. Adesso Jamie aveva messo su casa, era felice e devoto alla sua famiglia.

Due temi ricorrenti, però, continuavano a riaffiorare nelle sue interviste: il timore che la gente non lo prendesse sul serio a causa del suo passato di modello, sul quale tornava spesso, e i risvolti negativi della celebrità. Un giornalista si disse preoccupato, perché le attenzioni di cui l'attore era stato oggetto fino ad allora non erano niente rispetto a quelle che gli sarebbero state tributate in virtù del suo prossimo progetto. Un tempo Jamie aveva affermato che non sarebbe mai diventato famoso come Keira, ma con l'ingaggio per uno dei film più attesi del decennio la situazione era destinata a cambiare. Ancora una volta, la sua carriera stava per scalare nuove vette.

13
Snowqueens Icedragon

Snowqueens Icedragon lavorava a pieno regime. Da qualche tempo aveva cominciato il suo primo romanzo, *Master of the Universe*, di cui pubblicava i capitoli online sollecitando commenti e consigli dei lettori. Icy, come si firmava spesso, non mancava mai di ringraziarli. «Grazie a Songster51, ElleNathan & Rhian per un fantastico sabato sera» scrisse in un messaggio datato 20 novembre del 2010. «Grazie a Hoot per la lettura e la correzione del mio americano. Grazie agli utenti di Twitter per gli ottimi americanismi suggeriti.»

E di nuovo, due settimane dopo: «Wow! Che fantastica reazione all'ultimo capitolo. Grazie. Peeps è scontento di Bella o di Edward, o forse di entrambi. Quanta severità!».

Bella e Edward? I due nomi erano piuttosto familiari. Bella Swan e Edward Cullen erano gli amanti tormentati protagonisti della serie *Twilight*, l'umana e il giovane vampiro, innamorati persi ma timorosi che, travolto dalla passione, Edward potesse perdere il controllo e uccidere la sua amata. (L'autrice della serie, Stephenie Meyer, appartiene alla chiesa dei mormoni, e molti hanno interpretato la storia come una favola morale per convincere gli adolescenti ad astenersi dal sesso.)

Il libro aveva ottenuto un successo clamoroso, e quando i personaggi presero vita nella trilogia cinematografica, interpretata da Kristen Stewart e Robert Pattinson, l'isteria dei fan raggiunse livelli mai toccati prima di allora. *Twilight* e tutto ciò che lo riguardava diventò un'ossessione collettiva, e tra i seguaci più sfegatati c'era anche Snowqueens Icedragon, che pubblicava la sua opera proprio su *fanfiction.net*, un sito in cui vari autori escogitavano nuove trame per i protagonisti di libri altrui. *Master of the Universe* aveva persino foto di Bella e Edward. Il rimando a *Twilight* era esplicito.

Ma chi si nascondeva dietro lo pseudonimo Snowqueens Icedragon? A giudicare dal poco che rivelava di sé, sembrava una donna piuttosto spiritosa. Viveva nella parte occidentale di Londra con i due figli e un «maritino scontroso». «Data la mia età, dovrei essere più posata, ma sono disposta a sperimentare qualsiasi cosa almeno una volta, con l'eccezione dell'incesto e dei balli folk (mi correggo: i balli folk li ho provati, e mi sono divertita da matti)». Precisò che lavorava nell'industria televisiva, e aggiunse: «Ho iniziato a scrivere nel gennaio del 2009, subito dopo aver letto la saga di *Twilight*, e da allora non ho più smesso». Su Twitter era contattabile come @SQicedragon, e con il soprannome intero su *twilighted.net* e *fanfiction.net*.

Oggi i suoi testi sul social network sono protetti dai diritti d'autore e per leggerli bisogna ottenere l'accesso a un club molto esclusivo (5879 utenti, per la precisione). Un'altra iscritta a Twitter, E L James, vanta 557.000 *followers*, ma a ciascuno il suo. Da *twilighted.net* Snowqueens Icedragon è sparita e, sebbene sia ancora citata in *fanfiction.net*, nell'archivio del sito non è conservata traccia del suo lavoro. Un mistero? Non proprio.

Ormai è noto che l'enigmatica Snowqueens Icedragon non è altri che la stessa E L James, autrice della trilogia *Cinquanta sfumature* – bestseller planetari che hanno surclassato persino la grande Stephenie Meyer per numero di copie vendute –, e che *Master of the Universe* ne era la prima stesura. Tuttavia, e a dispetto degli sforzi investigativi degli internauti, è dura scovare in rete indizi di quell'originale. Una volta divenuto evidente il potenziale commerciale del libro, ne fu cancellata ogni traccia. Nessuno ha mai negato la genesi del romanzo, ma in fondo non ha molta importanza. *Cinquanta sfumature* ha un valore proprio e indipendente da *Twilight*.

«Ha preso avvio come tributo alla magnifica serie di Stephenie Meyer» dichiarò Valerie Hoskins, agente di E L James, a «Deadline Hollywood». «In origine fu scritto come una *fan fiction*, ma qualche utente del sito protestò per il tema scabroso ed Erika decise di non pubblicarne più i capitoli online. Poi però si disse che scrivere era il suo sogno e valutò di avere materiale inedito per due libri. Riprese quindi in mano il tutto dandogli un taglio diverso. È così che sono nati due personaggi iconici: Christian e Anastasia.»

E L James, al secolo Erika Leonard Mitchell, il nome da nubile con cui è ancora nota a parenti e amici, sembrerebbe la candidata più improbabile a imporsi come autrice di un romanzo erotico di fama planetaria che le è valso un ingente patrimonio, oltre a essere inclusa nella classifica 2012 delle persone più influenti del mondo, secondo la rivista «Time». Nata il 7 marzo del 1963, da madre cilena e padre scozzese (e cameraman della BBC), Erika è cresciuta nel Buckinghamshire e si è laureata in storia alla University of Kent, prima di diventare assistente di un direttore tecnico presso la National Film and Television School di Beaconsfield. Nel 1987 ha sposato lo sceneggiatore e regista Niall Leonard (che ha lavorato alle serie televisive *Hornblower*, *Testimoni silenziosi* e *Wire in the Blood*) e gli ha dato due figli.

A parte l'incarico atipico in televisione e quello di produttrice televisiva in *Shooting Stars* di Vic Reeves e Bob Mortimer, Erika non sembrava destinata alla celebrità. Fino alla sua passione per *Twilight*, era una normalissima moglie e madre borghese, casalinga e lavoratrice. Secondo quanto pubblicato su Twitter, i suoi unici vizi erano il bianco Sauvignon, etichetta Oyster Bay, la Nutella mangiata a cucchiaiate e i giri in macchina al volante della sua Mini. Poi, verso la fine del 2008, lesse le avventure di Edward e Bella. E non riuscì più a smettere. Appena conclusi i quattro volumi, sedette alla tastiera e cominciò a sua volta a scrivere.

Il resto, come si dice, è storia. Prima l'apparizione di *Master of the Universe* su *fanfiction.net*, frequentato dai fan di *Twilight*. Poi, viste le obiezioni alla natura davvero torrida del romanzo, l'apertura di un proprio sito web, *fiftyshades.com*. Contrariamente a una convinzione diffusa, non pubblicò quelle pagine a sue spese. La casa editrice australiana The Writer's Coffee Shop ne aveva intuito il potenziale, e ne realizzò la versione digitale e un'edizione tascabile su ordinazione.

Quanto accadde in seguito sbalordì tutti, perfino la stessa autrice. I libri, bollati come "porno per mammine" e "*Twilight* per adulti", riveduti e corretti nella forma attuale della trilogia, si fecero notare dall'editore Vintage Books, che si affrettò ad aggiudicarseli per un compenso a sette zeri. Salvo alcuni esempi illustri, come J.K. Rowling, un evento simile è rarissimo nel mondo dell'editoria, soprattutto per una perfetta sconosciuta. Ma il passaparola compì il miracolo: prima una nuova versione digitale, poi l'annuncio di una stampa immediata di 750.000 copie. Il lancio diventò un fenomeno.

Erika assistette al turbine, stupita dal fatto che un'opera nata come tributo di una fan si stesse tramutando nel caso editoriale dell'anno. Stentava a crederci. «Sono allibita dalla popolarità che sta riscuotendo, è straordinario» disse a Michelle Kosinski durante un'apparizione a *Today*, programma della NBC. E non lasciò il minimo dubbio sui retroscena della trilogia: «Sono un ingrandimento della mia crisi di mezza età». Dichiarò che la storia le era venuta «di getto». E quanto alla natura dominante del suo eroe, domandò la presentatrice, era davvero questo che volevano le donne? «Le donne sono responsabili nella professione, in casa e in famiglia, lavorano e mettono il cibo in tavola. Sono sempre impegnate, detengono sempre il controllo. A volte è bello che qualcun altro prenda il timone, ma nella vita reale desideri soltanto un compagno disposto a lavare i piatti» rispose, non senza una certa reticenza.

La sua era una vicenda fittizia, ripeté in diverse occasioni, ma il parto della sua fantasia avrebbe scosso il mondo come un terremoto. D'altronde, il libro era incentrato sul bondage, sui rapporti di dominanza e sul sadomaso: non proprio un argomento da festa in parrocchia. E, ironia della sorte, a scandalizzarsi furono soprattutto gli uomini. A quanto pareva, non avevano mai sospettato che, mentre spadellavano in cucina, le loro mogli potessero sognare qualcosa di più eccitante, magari un *rendez-vous* con un uomo bello come Christian o Jamie, per quanto eccessivi i gusti sessuali del primo. I maschi proprio non ci arrivavano. Dopo quasi quarant'anni a sentirsi ripetere che dovevano esprimere il loro lato femminile – in gran parte se ne erano ben guardati, ma pazienza –, scoprivano che le donne del mondo intero aspiravano a essere rinchiuse nella Stanza Rossa delle Torture, e fantasticavano su manette e frustini. No, era troppo.

Lo shock e il clamore suscitati da *Cinquanta sfumature* scatenarono un autentico dibattito: cosa voleva davvero il sesso femminile? Dopotutto, Christian gode a infliggere dolore ad Ana. Era lecito scrivere un romanzo simile, lasciando intendere tra le righe che a qualsiasi donna piaccia essere dominata? (Bisogna precisare che Christian cerca a più riprese di convincere Ana a firmare un contratto di sottomissione, ma lei si rifiuta senza cedimenti: dunque la protagonista non è proprio la smidollata che sostengono alcuni.) Comunque, la storia era stata scritta da una donna, e milioni di donne la stavano leggendo. Quali conclusioni ne andavano tratte? Secondo Erika, fonte autorevole per eccellenza, la vera attrattiva consisteva nella storia d'amore. «È questo il succo. E alle donne piace leggere romanzi d'amore e di passione» disse nel corso di un evento promozionale per il lancio del disco *Fifty Shades of Grey. The Classical Album*, una raccolta di pezzi classici che l'avevano ispirata, compresi Chopin e Debussy (a quel punto le opportunità di marketing si susseguivano a un ritmo vertiginoso). «Si parla certamente di sesso ma, a mano a mano che si va avanti, la relazione sessuale e sentimentale tra i due cambia, e il lettore ne segue l'evoluzione. Le lettrici hanno un'età molto varia, studentesse universitarie e novantenni. Spesso ricevo e-mail con resoconti fin troppo dettagliati su ciò che il libro le ha indotte a sperimentare a livello personale. Non ho scritto la trilogia immaginandomi un pubblico di minorenni, ma mi è capitato di ricevere e-mail da lettrici adolescenti, quindi temo che sia finito tra le mani anche di molte ragazzine.»

Una delle molte, spiritose spiegazioni della nuova moda della letteratura erotica dilagata tra il pubblico femminile la attribuisce alla diffusione del Kindle: oggi, grazie ai supporti elettronici, nessuno può sapere cosa stiamo leggendo. La stessa Erika è d'accordo. «Gli e-book sono stati una vera e propria liberazione, perché consentono di non esporsi al giudizio degli altri. Io per prima avevo disegnato le copertine per la trilogia affinché fossero il meno rivelatrici possibili. Tra i venti e i trent'anni, divoravo libri rosa durante i miei viaggi di pendolare sulla metropolitana londinese, e tutti quei volumi avevano in copertina orrendi disegni di donne seminude. Le detestavo. Così, per le mie ho pensato a qualcosa di più discreto, affinché a un occhio estraneo non sia subito evidente quanto siano osé i romanzi.»

D'altra parte, però, i sondaggi hanno rivelato che il trenta per cento dei fan di *Cinquanta sfumature* sono maschi.

Critiche di ogni tipo cominciarono a pioverle addosso, tra cui parecchie per lo stile di scrittura un po' pedestre. Ma ormai non aveva alcuna importanza; Erika stava accumulando letteralmente una fortuna. Nell'aprile del 2012, la rivista «Time» la incluse nell'elenco delle cento persone più influenti dell'anno. «Sei mesi fa era soltanto Erika Leonard, moglie e madre di due figli, autrice di storielle spinte su internet. Oggi è E L James, fenomeno dell'editoria, i cui romanzi hanno entusiasmato i librai, Hollywood e, a quanto sembra, tantissime altre madri di famiglia. Forse il nostro modo di guardare alla lettura non sarà mai più lo stesso.»

La previsione magari era un po' eccessiva, ma non c'era alcun dubbio che la scrittrice avesse individuato un filone d'oro. Scatenando altro scalpore, l'americano «Publishers Weekly» la nominò personaggio editoriale dell'anno, con la motivazione che, grazie a lei, i libri erotici erano tornati a essere *hot*. «Il successo della trilogia ha rivoluzionato il settore da mille punti di vista, non ultimi l'aver dato nuovo impulso alle vendite nelle librerie e l'aver trasformato la narrativa erotica in un genere letterario di gran moda. Per questo abbiamo scelto la James come principale personaggio dell'anno per il mondo editoriale.»

I puristi gridarono allo scandalo. Innanzitutto, in passato il riconoscimento non era mai stato assegnato a un autore, ma sempre a una personalità dell'industria libraria. Ecco il commento del «Los Angeles Times»: «Che cosa diamine è venuto in mente al "Publishers Weekly"? La James scriveva per un sito internet, è stata pubblicata da un minuscolo editore digitale indipendente, ha viralizzato la rete, si è aggiudicata un contratto editoriale e ha cominciato a incassare assegni. Tutte ottime notizie per lei, ma non certo un motivo sufficiente a decretarla personaggio editoriale dell'anno...

Al massimo, possiamo ammettere che è stata molto, molto fortunata, anche se il "Publishers Weekly" cerca di sostenere il contrario. Di sicuro è un bel colpo inciampare in un tesoro, ma basta a guadagnarsi gli allori dell'intero settore? Forse un giorno il "Publishers Weekly" individuerà qualcuno capace di creare davvero qualcosa, invece di vederselo piovere dal cielo, e capirà che sono quelli i personaggi da premiare».

Povera Erika. Persino sul sito web del «Publishers Weekly» comparvero commenti furibondi. «Voglio morire. O uccidere qualcuno. O ingozzarmi di dolci finché quest'oscenità letteraria sarà sparita dal mercato.» «State scherzando, vero? È proprio il meglio di cui siate capaci? Hilary Mantel diventa la prima donna insignita di due Booker Prize consecutivi, e voi scegliete E L James? Fatevi passare la sbornia e scegliete un candidato più degno.»

All'autrice severamente giudicata saranno venute le lacrime agli occhi. Almeno, però, poteva consolarsi guardando il suo conto in banca. Destinataria di una pioggia di milioni, fu vista durante vari sopralluoghi a splendide residenze di campagna (fino ad allora aveva vissuto in una ben più modesta villetta bifamiliare a Ealing, non proprio il quartiere più *in* di Londra).

Alla fine fu annunciata la vendita dei diritti cinematografici, per un compenso di cinque milioni di dollari. Si parlò – a vanvera – di Angelina Jolie o Scarlett Johansson per la parte della protagonista. Nel mentre, la trilogia era già stata tradotta in quaranta lingue, scatenando una tale isteria collettiva che qualcuno pronosticò l'avvento di un boom: un'intera generazione di donne che esigevano dai propri uomini prestazioni *à la* Christian Grey.

Quanto a Erika, seppure più tirata a lustro rispetto ai tempi del suo debutto sulla scena pubblica, si tenne in disparte, mentre suo marito diventò argomento di molte chiacchiere pruriginose sui retroscena della loro vita coniugale. Il figlio adolescente non aveva letto il libro, rivelò la James, aggiungendo poi che se lo avesse fatto lei e suo marito si sarebbero sentiti «mortificati». Ma dunque, cos'era di preciso questo romanzo per esercitare un impatto tanto dirompente? Cosa raccontava?

Date le inclinazioni personali del suo protagonista, molti credono che *Cinquanta sfumature* sia un romanzo porno, con una trama di copertura. In realtà è vero il contrario. Come sottolineato dalla stessa autrice, si tratta di una storia d'amore nella quale, tolti gli accessori erotici, il suo eroe potrebbe fungere da controfigura di Darcy, Rochester e compagnia cantante. La vicenda comincia con Anastasia Steele, nota con il soprannome di Ana, studentessa ventunenne della Washington State University di Vancouver e collaboratrice del giornale dell'ateneo. La sua amica e compagna di studi, Kate, viene incaricata di intervistare un enigmatico uomo d'affari, già miliardario a soli ventisette anni: Christian Grey. Nel giorno dell'appuntamento, però, Kate si ammala e si fa sostituire da Ana. L'attrazione tra la giovane e Christian è istantanea.

Se non alla protagonista, al lettore è subito chiaro dove si andrà a parare. Christian si presenta al negozio di ferramenta in cui lavora la ragazza e, come prima indicazione dei suoi peculiari gusti personali, compra un rotolo di nastro isolante e una fune, consegnando poi ad Ana il proprio numero di telefono. I due si risentono per fissare il servizio fotografico, che sarà realizzato da José, un amico della ragazza, e davanti a un caffè si dichiarano single. Dopodiché lei partecipa a una festa durante la quale si ubriaca, e telefona a Christian perché vada a prenderla. Si risveglierà l'indomani mattina nella camera d'albergo dell'uomo. A dispetto delle apparenze, l'imprenditore si è comportato da perfetto gentiluomo. Desidera comunque approfondire la conoscenza su un piano più intimo ma, con una svolta piuttosto inconsueta, vuole che Ana firmi un accordo di confidenzialità. Al primo appuntamento, Christian porta la giovane nel proprio appartamento di Seattle, pilotando un elicottero personale, e là le mostra la Stanza Rossa, in sostanza una sala delle torture sadomaso. La studentessa è ancora vergine (particolare in cui si coglie un'eco dei romanzi di Barbara Cartland), e Grey la toglie dall'impaccio. Però pretende che firmi un secondo contratto per impegnarsi in una relazione esclusivamente sessuale, senza alcuna implicazione sentimentale. Ana si rifiuta, dettaglio trascurato da molti detrattori della trilogia.

La vicenda prosegue con un lungo tira e molla. Ana si spaventa e fugge, Christian la riporta a casa, la sculaccia, poi la presenta ai genitori, come un normalissimo corteggiatore. Si scopre che lui stesso era stato sedotto a quindici anni da un'amica della madre, la quale lo aveva iniziato al sadomaso, e per quanto continui a insistere affinché Ana metta nero su bianco che la loro non è una relazione, è evidente il contrario. In uno sviluppo un po' forzato, la ragazza trova lavoro per un editore indipendente di Seattle, si becca qualche altra sculacciata ma poi, quando Christian si fa prendere la mano e la frusta con una cinghia, lo lascia per sempre.

O forse no? A ogni modo, è così che si conclude il primo romanzo.

Molti autori di narrativa di genere si ritrovano a loro volta fustigati dalla critica, ed Erika avrebbe presto scoperto sulla propria pelle che i recensori sanno essere crudeli quanto Christian in una giornata nera. Sir Salman Rushdie, che nemmeno nei suoi sogni più sbrigliati potrebbe aspirare a vendite paragonabili a quelle della James, dichiarò: «Mai letto un libro pessimo quanto il suo. Al confronto, *Twilight* era *Guerra e pace*». (Beccato! Non si era lasciato sfuggire neppure la Meyer, dunque.)

Sulle pagine del «New York Times», Maureen Dowd definì la James «una delle sorelle Brontë, senza il talento», aggiungendo che la sua storia era «tediosa e mal scritta». Jesse Kornbluth dell'«Huffington Post» invece ne parlò in questi termini: «Visto dalla prospettiva di un lettore, *Cinquanta sfumature* è una parodia mal riuscita, con una trama inconsistente».

Nessuno, l'autrice per prima, avrebbe mai sostenuto che si trattasse di un esempio di alta letteratura, ma restava una storia avvincente, di quelle che si leggono d'un fiato. E alcuni ebbero l'intelligenza di capirlo.

«Non sarà un capolavoro, ma è ben più della scrittura parassitaria di una fan che sfrutta il successo dei vampiri di *Twilight*» affermò April Alliston, docente di Princeton. E aveva ragione. Jenny Colgan, a sua volta autrice di bestseller, commentò sul «Guardian»: «È un libro godibile, leggibilissimo, e il suo erotismo è tenero e innocuo, per quanto possibile nei limiti del sadomaso». In definitiva, lo giudicò «più interessante di altri libri erotici».

Il «Daily Telegraph» lo bollò invece come «un melenso cliché», ma aggiunse che avrebbe suscitato «un dibattito tra lettrici per anni a venire». Un recensore del «Ledger-Enquirer» osservò che «mettere in luce questo aspetto della vita delle donne [la tendenza alla sottomissione], riconoscerlo e addirittura lodarlo non dovrebbe essere una colpa».

Il «New Zealand Herald» affermò che «non vincerà premi per la sua prosa» e che «alcune descrizioni sono davvero orrende», ma se soltanto «riuscite a sospendere l'incredulità, e la voglia di – passatemi l'espressione – prendere a schiaffi l'eroina per la mancanza di dignità personale, potrebbe anche piacervi».

Il «Columbus Dispatch» ammise che, «a dispetto della prosa faticosa, la James tiene incollati alla trama». Il «Metro News Canada» andò sull'ironico: «Tollerare cinquecento pagine di dialogo interiore dell'eroina è stato duro, e non nel senso sessuale del termine». Jessica Reaves del «Chicago Tribune» ritenne che «il materiale di base del libro non è grande letteratura ed è disseminato di frasi ripetitive e banali», per un effetto complessivo «deprimente».

Ciononostante, nel dicembre del 2012, ai National Book Awards inglesi, la trilogia *Cinquanta sfumature* si aggiudicò il primato sia nella categoria Narrativa popolare sia come Libro dell'anno.

Le critiche – molte e severe – si basavano principalmente su tre argomenti di fondo: che nascesse da una *fan fiction*, che esaltasse il sadomaso e che la prosa non fosse in alcun modo letteraria. In merito al primo argomento: era davvero così importante? Nella versione edita, *Cinquanta sfumature* aveva perso ogni riferimento a *Twilight*: era un romanzo a sé stante, con una personalità propria. Christian e Ana non somigliavano nemmeno lontanamente a Edward e Bella, e comunque non era certo la prima volta che un'opera si ispirasse a un'altra già esistente.

La questione del sadomaso era più spinosa, e molte donne di un certo calibro parteciparono al dibattito. Katie Roiphe di «Newsweek» scrisse: «Non capisco perché, soprattutto per le donne, la libertà debba essere vista come un peso. Può darsi che il potere non sia sempre facile da gestire, anche per quante tra noi ci sono cresciute; forse vogliamo l'eguaglianza soltanto in tempi e luoghi ben precisi; o forse ci si stufa del potere e degli obblighi che questo comporta».

Qualche nome davvero autorevole non aveva niente in contrario a un pizzico di sadomaso. Andrea Reiher di *zap2it.com* sbottò: «La sottomissione sessuale non equivale a offrirsi ai maltrattamenti, a rinunciare alla propria autonomia o all'eguaglianza con il partner». Il sito web *jezebel.com* centrò meglio il bersaglio: «La stragrande maggioranza di fan si emoziona soprattutto per la relazione emotiva tra Anastasia e Christian, non per il sesso».

Per sicurezza, *salon.com* intervistò varie *dominatrix*, compresa Melissa Febos, secondo la quale, malgrado il tema sadomaso avesse portato a galla molte «angosce attuali sull'eguaglianza», «non è necessariamente una prova di infelicità né contraddice il femminismo: al contrario, potrebbe essere un segno di progresso che milioni di donne esprimano le proprie fantasie erotiche in modo tanto esplicito e senza preoccuparsi del parere dei maschi».

La discussione proseguiva, spesso trascurando il fatto che, in ogni riga del romanzo, il rapporto tra i due protagonisti è "sempre" consensuale. Nel frattempo alcuni episodi gettarono altra benzina sul fuoco: le biblioteche pubbliche della contea di Brevard, in Florida, fecero scomparire il libro dai propri scaffali per il «tema sessuale», salvo poi reinsediarlo su insistenza dei propri soci. A Macaé, in Brasile, un giudice decretò che le librerie dovevano eliminarlo dall'inventario, o al massimo venderlo sottobanco dal momento che lo aveva visto in mano ad alcuni minorenni. Scoppiò una polemica acrimoniosa quando, dopo l'acquisto dei diritti cinematografici da parte della Universal, lo studio di produzione pornografica Smash Pictures annunciò il progetto di una versione per adulti di *Cinquanta sfumature di Grigio.* La disputa finì in tribunale e la Universal ebbe la meglio.

Erika, il cui conto in banca si gonfiava di minuto in minuto, assisteva incredula. Neppure nei suoi sogni più sfrenati avrebbe mai immaginato ricadute simili per un libretto da fan, suo o di chiunque altro, e ancora meno la frenesia che si sarebbe scatenata intorno all'assegnazione del ruolo di protagonista nella trasposizione cinematografica. Tuttavia, qualunque argomento sfoderassero i detrattori, restava il fatto innegabile che le donne del mondo intero si immedesimavano nel suo romanzo. Ora non rimaneva che farne un film per il grande schermo.

14
Il signor Grey può vederla, ora

E L James non aveva proprio nulla di cui lamentarsi. Il suo romanzo guadagnava milioni e per di più le maggiori case di produzione cinematografiche del mondo facevano la fila per comprarne i diritti. Warner Bros., Sony, Paramount, Universal e persino lo studio di Mark Wahlberg si scontrarono in una guerra all'ultima offerta, nella quale Wahlberg arrivò più vicino alla meta di quanto si potrebbe pensare. «Siamo giunti a un passo dall'aggiudicarci i diritti» annunciò lo stesso produttore a *yahoo.com*. «Avevamo parlato con l'autrice prima ancora che venisse rappresentata da un agente. A prescindere dal mio parere personale, avevo intuito subito che il libro sarebbe stato un caso editoriale. Si capiva a colpo d'occhio che avrebbe suscitato enorme scalpore.»

Ci aveva visto giusto. Esisteva forse un altro romanzo che avesse attirato un'attenzione paragonabile? Alla fine, nel marzo del 2012, furono la Universal e la Focus Features a vincere la partita, accordando a Erika una quota considerevole di controllo sulla lavorazione. La produzione fu avviata, con un budget da quaranta milioni di dollari. Michael De Luca e Dana Brunetti, già collaboratori in *The Social Network*, furono convocati come produttori – a quanto sembra su esplicita richiesta della James – e cominciò la caccia al regista.

Era essenziale individuare la persona adatta, e furono menzionati molti nomi di grido, tra cui Joe Wright, Patty Jenkins, Bill Condon, Bennett Miller e Steven Soderbergh. Infine, nel giugno del 2013 – oltre un anno dopo l'acquisto dei diritti, arrivò l'annuncio. La palma era toccata a Sam Taylor-Johnson, fotografa e membro del gruppo Young British Artists (lo stesso di Damien Hirst). Fu una scelta sorprendente, nonché la dimostrazione che la Universal non puntava a un filmetto erotico: voleva un prodotto più sofisticato.

Il passo successivo fu trovare uno sceneggiatore. Bret Easton Ellis si candidò, ma senza fortuna. Furono interpellati altri professionisti, tra cui Kelly Marcel, Patrick Marber e Mark Bomback, e proprio la ridda di nomi così influenti scatenò i pettegolezzi sulla pessima qualità del copione. Alla resa dei conti, la scelta cadde su Marber, una decisione piuttosto ragionevole, se si considerano i copioni da lui firmati in passato – *Closer* e *Diario di uno scandalo* – e una precedente collaborazione con la regista. È probabile, quindi, che a sollevare il polverone fosse stata più che altro la coincidenza del suo arrivo con l'abbandono di Charlie Hunnam. D'altronde, nel caso di un progetto di così alto profilo, il minimo cambiamento era destinato a suscitare più clamore del normale.

Delle circostanze al momento della scritturazione di Jamie abbiamo già trattato. Come sappiamo, il primo annuncio del cast, a inizio settembre del 2013, dava Charlie come co-protagonista di Dakota Johnson. Poco dopo, Jamie prese il suo posto. Anche Dakota aveva dovuto sbaragliare un'agguerrita concorrenza per aggiudicarsi la parte: l'elenco delle aspiranti Anastasia Steele comprendeva Alicia Vikander, Imogen Poots, Elizabeth Olsen, Shailene Woodley e Felicity Jones.

In un primo momento si fece persino il nome di Keira, ma lei non esitò a rifiutare l'offerta. Jamie, all'epoca, non era ancora in lizza. Quando fu ufficializzata la scelta, la Knightley rispose con un sorriso alla domanda di un suo parere su quell'ingaggio: «Jamie è bellissimo. Sono sicura che le spettatrici si innamoreranno in massa di lui». Perfino Hunnam espresse la sua approvazione. «Non lo conosco di persona, ma non dubito che farà un ottimo lavoro» disse al «Daily Mirror». «Non ho mai visto i suoi film, ma so come lavora Sam: è una regista fantastica, e dai gusti impeccabili. Il risultato della loro collaborazione sarà senz'altro un prodotto eccellente.» Un'altra ammiratrice era la sua connazionale Aisling Franciosi, comparsa in *The Fall* nei panni di Katie, una babysitter predatoria. «Fisicamente ha le caratteristiche giuste per il ruolo, e credo abbia passato ogni esame di recitazione con la parte di Paul Spector. Ha lavorato molto anche come modello. So che alcuni erano scettici nei suoi confronti, ma lui ha dimostrato che si sbagliavano, e oggi nessuno apre bocca se non per lodarne il talento» dichiarò anche lei al «Daily Mirror».

Anche la scelta di Dakota colse alcuni in contropiede. Nata il 4 ottobre del 1989 da Don Johnson e Melanie Griffith, è erede della più pura tradizione hollywoodiana. I nonni materni sono Tippi Hedren e Peter Griffith, attore-bambino divenuto poi dirigente pubblicitario; una delle zie è l'attrice Tracy Griffith, e per diversi anni, fino alla separazione da Melanie, Antonio Banderas è stato il suo patrigno. Cresciuta tra il Colorado e Los Angeles, da bambina aveva studiato danza; il suo debutto nel cinema avvenne nel 1999, quando lei e la sorellastra, Stella Banderas, comparvero in *Pazzi in Alabama*, al fianco della madre e dirette da Antonio.

«Al tempo in cui mio padre era impegnato nella serie *Nash Bridges* a San Francisco, io andavo ogni giorno a trovarlo sul set» raccontò Dakota a «Elle». «Mia madre continuava a lavorare, girando un film dopo l'altro, e lo stesso valeva per Antonio. Li ho seguiti dappertutto, ai quattro angoli del globo. Adoravo il mondo del cinema.»

Dopo il debutto, si impegnò a fare carriera con le sue forze, con piccole parti in *The Social Network* (2010), *Beastly* (2011), *Ellen* (2012) e numerose altre pellicole. Nel 2006 fu eletta Miss Golden Globe, la prima vincitrice di "seconda generazione" nella storia del premio.

Ciononostante, e a dispetto di precedenti tanto illustri, il suo futuro nello star system era ancora un'incognita. Non aveva mai interpretato un ruolo da protagonista in un film destinato ad attirare tanta attenzione, quindi non mancarono quelli che si dichiararono sorpresi e persino preoccupati che la scelta fosse caduta su di lei. Non fu così per i responsabili della produzione. In un certo senso, scritturare una star di profilo più alto e con una maggiore fama rischiava di oscurare il personaggio a vantaggio dell'attrice, e la stessa Anastasia è una ragazza giovane, ingenua e inesperta. Scegliere una semisconosciuta sgomberava il campo da ogni preconcetto, permettendole di recitare in modo senz'altro più fresco. «Mi sono immedesimata parecchio nel libro» ammise la stessa Dakota al «Daily Mirror». «Mi è sembrato un'incredibile storia d'amore, e credo sia per questo che ha conquistato un pubblico così vasto. Erika è stata in grado di spiegare in maniera accuratissima cosa accade quando tra due persone scoppia un'attrazione irresistibile. Ed essere riuscita a descriverne anche la sfera sessuale ha fatto del suo libro un capolavoro. Non c'è niente di male in un pizzico di trasgressione, di tanto in tanto.»

Qualcuno però si domandò, non senza ironia, come avrebbe reagito il padre, a sua volta noto in gioventù come impenitente donnaiolo. «Il cinema è il mestiere di famiglia» replicò Don a «Morning Britain» nell'estate del 2014. «È il nostro lavoro, e non ho alcun dubbio che Dakota trasformerà un copione e un ruolo che ad alcuni potrebbe sembrare sconveniente in qualcosa di spettacolare. Da padre orgoglioso e veterano del settore, posso assicurarvi che mia figlia è un'attrice molto dotata e che questa sarà soltanto la prima di una lunghissima serie di strepitose interpretazioni.»

E tuttavia... «Probabilmente non andrò a vedere il film, semplicemente perché non è il mio genere» ammise al «Daily Telegraph». «Non ho mai guardato *The Vampire Diaries* né *Twilight*, per la stessa ragione.» Saggia decisione. E senz'altro un sollievo per Dakota, la quale dichiarò, dal canto suo, che lei, nel caso, avrebbe preferito non vedere i suoi genitori in film "a luci rosse".

Insomma, entrambi i personaggi principali erano relativamente sconosciuti – Jamie non aveva ancora sfondato negli Stati Uniti – ma la produzione lo considerava un vantaggio. «Nessuna scelta avrebbe potuto soddisfare le aspettative dei fan, come dimostrato dall'annuncio del primo protagonista, poi ricusato» disse Dana Brunetti. «Dovevamo trovare qualcuno che corrispondesse all'idea che il pubblico si era fatto dei personaggi, ma solo entro certi limiti, perché ciascuno ha una propria immagine in mente. Per questo ho sempre pensato che fosse meglio preferire attori meno noti, affinché gli spettatori li potessero scoprire gradatamente nel loro ruolo, e Jamie e Dakota sono perfetti in tal senso.»

Seguì l'annuncio del resto del cast. Victor Rasuk nella parte di José Rodriguez Jr., Eloise Mumford in quella di Kate Kavanagh, la cantante Rita Ora in quella di Mia, la sorella minore di Christian, e Marcia Gay Harden in quella di sua madre Grace.

Al centro dell'attenzione, tuttavia, c'erano i due protagonisti. Come sarebbero riusciti a trasmettere la storia e ad affrontare il tema scabroso del libro? In realtà, nessuno dei due sembrava granché scandalizzato. «Sono un tipo piuttosto liberale, sono cresciuto in un ambiente progressista» spiegò Jamie a «Entertainment Weekly». «Non che in casa nostra ci fosse una stanza per il sesso, ma le descrizioni del romanzo non mi hanno scioccato. Sono una componente essenziale della vicenda, e non trovo credibili i film d'amore che ne escludono quell'aspetto. Quindi non mi spaventa interpretarlo.» Meglio così. Affrontato con ritrosia, un ruolo simile rischiava di sfociare in un disastro.

Il romanzo è ambientato a Seattle (città che, come è noto, E L James non aveva mai visitato), ma per il set fu scelta Vancouver, e in particolare il quartiere Gastown, sfondo di molte scene cruciali. La University of British Columbia avrebbe preso il posto della Washington State, e l'hotel Fairmont quello dell'Heathman. Dopo vari ritardi, la lavorazione ebbe inizio a fine novembre del 2013, e terminò a febbraio dell'anno dopo. Secondo il calendario originale, la pellicola sarebbe dovuta uscire nelle sale nell'estate del 2014, ma si preferì spostarne la data al 14 febbraio del 2015, giorno di San Valentino. Rimaneva da discutere sul tema della censura. I produttori non erano stati particolarmente arditi – dopotutto, puntavano a un successo destinato a un pubblico più ampio possibile – ma nemmeno troppo contenuti. Alla fine, il film ottenne la qualifica di *restricted*, che negli Stati Uniti ne vietava la visione ai minori di diciassette anni non accompagnati da un adulto.

Dana Brunetti aveva anche escogitato una soluzione alternativa, che rivelò al «Daily Mirror»: distribuirlo in due versioni diverse. «Il pubblico avrebbe potuto vedere quella accessibile a chiunque, poi tornare in sala per l'altra, un po' più esplicita, vietata ai minori. Sarebbe stato perfetto anche dal punto di vista della casa di produzione, che avrebbe ricevuto un doppio incasso al botteghino. Tuttavia, ascoltando le reazioni dei fan, abbiamo avuto l'impressione che volessero una riduzione cinematografica il più possibile fedele al libro. Per parte nostra, non intendiamo scadere nella pornografia, ma vogliamo comunque soddisfare le aspettative del pubblico.» Il confine tra le due cose era sottile, e bisognava camminare sul filo. Girò voce che alcune sequenze fossero state tagliate perché troppo spinte e che in definitiva la produzione avesse optato per la scelta più blanda, allo scopo di conquistare un'adesione più vasta. Com'è consuetudine, le scene di sesso furono girate a set chiuso, alla presenza soltanto delle persone essenziali, in questo caso dodici.

Tra gli altri vantaggi, rimandare la data di uscita diede un margine di tempo maggiore in cui organizzare la campagna pubblicitaria, e il marketing si rimboccò subito le maniche. Nel gennaio del 2014, agli sgoccioli della lavorazione, la Universal lanciò un poster di Jamie, di spalle nel suo completo elegante, in piedi davanti a una finestra a parete a contemplare Vancouver/Seattle, e la scritta: MR. GREY WILL SEE YOU NOW, che è la risposta che dà la segretaria di Christian ad Ana al loro primo appuntamento (nella versione italiana «Il signor Grey può vederla, ora») ma suona anche come una sorta di "avvertimento", «Il signor Grey ti sta guardando». Si trattò di una mossa quasi senza precedenti. All'uscita del film mancava più di un anno, ma i produttori erano determinati a far crescere l'attesa nel pubblico (a provocarlo, in un certo senso).

Si rifletté a lungo sulla resa del personaggio di Christian, e Jamie e Sam Taylor-Johnson ne discussero molto tra loro. «Nella nostra versione, Grey è delineato a tutto tondo» disse l'interprete alla rivista «Interview». «Abbiamo evidenziato più sfaccettature della sua personalità: l'attenzione che dedica alla forma fisica, la quantità assurda di denaro che spende per la cura del proprio aspetto. Abbiamo girato parecchie scene in palestra o mostrandolo mentre si prova gli abiti, ma non abbiamo parlato in dettaglio del suo modo di muoversi. Io sono molto impacciato in giacca e cravatta, perché mi capita di indossarle di rado nella vita reale, mentre per Christian i completi sono una seconda pelle, e solo quelli di marca. Immagino che si noterà la differenza, sebbene, dopo averli portati quasi sempre sul set, credo di averci fatto l'abitudine.» Era una prospettiva piuttosto interessante. Di solito gli attori sono più in imbarazzo per le scene di nudo, un altro requisito della parte.

Ma pur lamentandosene spesso, dalla carriera di fotomodello Jamie aveva acquisito una notevole scioltezza a mostrare il proprio corpo, quindi la cosa non sembrò innervosirlo.

Con il trascorrere del tempo, e la circolazione di qualche immagine dei due attori rubata sul set, l'entusiasmo tornò febbrile e si moltiplicarono le congetture sull'alchimia tra le star protagoniste. I titoli sul genere *Kiss-tian Grey* o *Dornan & Dirty* si sprecavano. Una foto in cui i due bevevano una tazza di tè fu accompagnata dal quasi prevedibile: *Fifty Shades of Earl Grey*. Il «Sunday Times» pubblicò un lungo servizio sull'attore irlandese, titolandolo: *"Torso d'oro" con frustino*. Più di qualsiasi altra cosa, era l'indizio di un nuovo nome alla ribalta.

L'articolo citava, tra gli altri, Robert Johnston, codirettore di «GQ»: «È un attore di talento. E, ovviamente, può contare su un ottimo agente. È difficile che un ragazzetto carino accetti di vestire i panni di un uomo come Paul Spector, di solito hanno troppa paura di venire associati al ruolo del cattivo». A suo giudizio, il segreto del successo di Jamie risiedeva nella sua spiccata personalità. «Senza offesa, ma tra i modelli è una rarità. Il motivo per cui spesso non riescono a sfondare nel cinema o in televisione è che in genere mancano di carattere. Saranno anche bellissimi, ma raramente hanno qualche altro pregio. Dornan ha senza dubbio una marcia in più.»

Per lui e Dakota si profilava un periodo di intensa campagna pubblicitaria e di grande attenzione mediatica. Entrambi l'avevano già vissuto in maniera indiretta – lui, come si è già detto, attraverso Keira e Dakota per via dei suoi celebri genitori – ma sperimentarlo sulla propria pelle sarebbe stata un'esperienza ben diversa, e non c'era modo di prepararsi ai suoi effetti dirompenti. «Non ho idea di cosa succederà» ammise la ragazza a «Elle». «Cercherò di affrontare la situazione con calma e di non cambiare vita, per quanto possibile.» Era l'unica strada praticabile, e d'altronde lei stessa aveva avuto modo di vedere cosa accade nel momento in cui i problemi privati diventano di dominio pubblico, com'era capitato quando i dissapori tra i suoi genitori erano finiti sulle prime pagine di tutti i giornali.

Robert Pattinson, al centro di un fenomeno analogo con l'uscita della serie *Twilight*, aveva osservato che all'inizio era stata dura accettare i limiti imposti dalla notorietà alla sua libertà personale, ma con il tempo ci si era abituato, tanto da non accorgersene quasi più. A Jamie e Dakota sarebbe presto successo lo stesso.

Quanto al tema del film, la Johnson, come il collega, non se ne preoccupava troppo. «Credo che le donne abbiano il diritto di perseguire qualsiasi relazione le renda felici, e se apprezzano il sadomaso, allora buon per loro» proseguì nella stessa intervista a «Elle». «Io sul set non ho problemi con niente. Il segreto è non vergognarsi.» Sembrava serena, ma non era completamente sincera. Ribadì che avrebbe preferito che i genitori non vedessero il film. Ma su questo non correva rischi, perché non ne avevano la minima intenzione.

Anche lei, come il suo co-protagonista, aveva riflettuto a fondo sul ruolo che avrebbe interpretato. «A mio avviso Ana è una ragazza normale. Non ha niente di artificioso o fasullo, ed è un aspetto che apprezzo. È impacciata, intelligente, una ventenne qualsiasi. Leggendo il romanzo, ho trovato più interessante il modo in cui lei e Grey si logorano a vicenda che le scene di sesso. In fondo, sono convinta che sia tipico delle donne aspirare a cambiare il proprio uomo. In un primo momento non tenevo troppo alla parte, forse perché ero intimorita dall'argomento. È una vicenda molto intensa, e non avevo mai interpretato niente di simile in passato. Ma poi l'ho accettata proprio per questo.»

Aveva centrato in pieno il bersaglio: il vero motivo dell'enorme popolarità di *Cinquanta sfumature* non era il sesso ma il sentimento che legava i due protagonisti. Christian apparteneva a pieno titolo alla tradizione dell'eroe tormentato salvato dall'amore di una ragazza innocente. Forse da qui è derivata la scelta di affidare a Sam la regia del film. I produttori non volevano un porno, ma un film d'amore. Con qualche scena torrida di contorno.

Jamie intanto continuava a tenere i piedi ben piantati a terra. A quel punto sarebbe stato facile montarsi la testa, ma lui era determinato a restare il ragazzo semplice di sempre. «Detesto il lusso» ammise in un'intervista concessa all'edizione polacca di «Glamour». «Non viaggio in jet privato, non giro circondato da guardie del corpo e non compro prodotti griffati. Ho una casa, due cani, un orologio, e mi basta. Ho trentun anni, non ventuno. Non passo le notti a far baldoria nei locali notturni. Chi potrebbe interessarsi a un imbranato come me? Sinceramente, sentirmi definire carino o affascinante mi fa sentire come un bulldog francese. In situazioni come la mia, puoi diventare uno stronzo arrogante oppure fare qualcosa di buono per il mondo, una scelta ben più impegnativa. Non mi sforzo di apparire fico o di fare tendenza, sono un individualista. Nella vita reale voglio essere soprattutto me stesso.» In futuro non sarebbe stato facile, e di certo non servì a distogliere i riflettori o la curiosità dei fan da ogni cosa che riguardasse la sua quotidianità. Era lodevole da parte sua cercare di mantenersi distaccato dal proprio personaggio pubblico, ma nemmeno lui poteva negare di essere ormai una star di primo piano, e da quel momento in poi sarebbe stato trattato come tale.

La macchina promozionale proseguì il suo corso. Il 14 febbraio del 2014, un anno prima dell'uscita del film, comparve una foto di Dakota nei panni di Anastasia. A giugno, in occasione del compleanno di Christian, fu la volta di un ritratto di Jamie, nei panni del protagonista. Il mese successivo toccò a E L James dare il suo contributo, con l'annuncio via Twitter dell'uscita del trailer. Beyoncé, che aveva inciso una nuova versione di *Crazy in Love*, il suo clamoroso successo, e che appariva a sua volta nel trailer, ne pubblicò un *teaser* su Instagram.

E ancora, Jamie e Dakota comparvero insieme nello show televisivo *Today* per presentare il trailer (sforbiciatissimo per la messa in onda in fascia protetta e trasmesso in versione integrale in orario serale). Come primo indizio di quello che li attendeva (il reparto marketing stava davvero facendo un ottimo lavoro), in internet il video dell'anteprima fu cliccato da 36,4 milioni di utenti nella prima settimana, classificandosi come il video più guardato di YouTube per il 2014, con oltre cento milioni di spettatori. Al top della frenesia, Twitter registrava sull'argomento 98.000 commenti all'ora. E questo soltanto per un filmato di tre minuti.

La pubblicità al film si riverberò anche sul libro, alimentandone le vendite; a livello mondiale si sforò il tetto dei cento milioni di copie, con traduzioni in cinquantuno lingue. «Ragazzi, devo proprio ringraziarvi» scrisse E L James su Twitter, non senza motivo. «Grazie, grazie, grazie.» L'effetto *Cinquanta sfumature* determinò anche un enorme incremento nelle vendite degli olii da massaggio e dei gadget erotici.

A *Today*, il duo fece un'ottima figura. La presentatrice, Savannah Guthrie, con grande disappunto dei fan rassicurò Dornan: non intendeva chiedergli di levarsi la camicia. «Lo avrei fatto, se me lo avessi domandato» rispose lui, amabile come sempre. «Non ci avrei pensato due volte.»

Dakota ammise qualche difficoltà nella realizzazione della pellicola. «Non è una normale situazione romantica. Le scene sono più tecniche e coreografate. È un'incombenza, non un divertimento.» Al che intervenne il collega: «Ehi!» esclamò, fingendosi risentito.

Alla domanda se tra loro ci fosse alchimia, lui affermò: «Immagino di sì, perché le scene funzionano. Avevamo fiducia l'uno nell'altra; e la confidenza reciproca era essenziale, perché i nostri personaggi sono coinvolti in situazioni che per noi non sono spontanee o semplici da interpretare». Una spiegazione destinata a intensificare la curiosità su "cosa" di preciso accadesse nel film preannunciato come il più *hot* da anni.

Il trailer continuò a guadagnarsi un seguito fenomenale. «Il successo su internet è clamoroso» disse Marc Krazen, presidente di RelishMIX, all'«Escapist». «Aggiungete le versioni scaricate e riproposte sui canali dei fan, e il numero di visite è senza precedenti... E all'uscita mancano ancora sei mesi!» Il rischio di un fiasco era sempre meno probabile. Se il trailer riusciva ad aggiudicarsi un successo simile, figuriamoci la pellicola vera e propria.

Ormai libro e film erano talmente famosi da attirare nel vortice anche celebrità del tutto estranee all'uno e all'altro. «Catene e fruste non sono nel mio stile, ma a chi non piace una bella sculacciata ogni tanto?» commentò con perfetto candore Dame Helen Mirren al *Tonight Show*.

La cantante e attrice Lucy Hale rivelò di essersi presentata al provino per il ruolo di Anastasia, e la sua descrizione dell'audizione non contribuì certo a smorzare la trepidazione per quanto si sarebbe visto sul grande schermo. «Ero così in imbarazzo!» ammise a Fox News. «Il copione era proprio come vi aspettereste, e mi chiesero di recitare un lungo monologo molto, molto erotico... con parti che mi vergognavo a leggere ad alta voce. Ma in situazioni del genere devi buttarti anima e corpo, altrimenti ti copri di ridicolo.» Cosa diamine le avevano chiesto di fare? La curiosità dei fan era alle stelle.

L'entusiasmo cresceva. Circolò l'annuncio – poi ritrattato – che le Filippine ne avrebbero vietato la distribuzione, anche nella versione censurata. Gli alberghi cominciarono a offrire fine settimana ispirati al tema *Cinquanta sfumature*. Jamie schizzò in testa alla classifica di gradimento IMDb: il suo nome era stato il più cliccato in assoluto sul sito Internet Movie Database, che vanta un bacino di utenza di 190 milioni di internauti. «È evidente che il film sia piuttosto atteso» osservò, con un eufemismo, il direttore esecutivo di IMDb, Keith

Simanton. Fu realizzata perfino una versione parodistica del trailer, interpretata da una coppia di cani. Intanto Dakota accettò un altro ruolo sessualmente disinvolto in *A Bigger Splash* – remake del poliziesco francese *La piscine* –, noto per alcune parti torride e con coprotagonisti Tilda Swinton e Ralph Fiennes. La tensione continuava a montare.

A lavorazione conclusa, non restava che attendere la prima, sebbene mancasse ancora parecchio alla data prestabilita. Cast e troupe erano consapevoli di aver collaborato a uno dei film più attesi della storia, una pellicola che, a prescindere dalle reazioni della critica e dall'esito finale, avrebbe avuto un impatto non indifferente sul mondo. Per il momento, però, i due interpreti principali avevano nuovi progetti cui dedicarsi, e si sarebbero rivisti soltanto in occasione degli eventi promozionali, e con l'avvio della distribuzione.

Ce l'aveva fatta. Sbaragliando la concorrenza internazionale, Jamie si era aggiudicato uno dei ruoli più ambiti di sempre. Ora doveva tornare alla vita reale, e in Inghilterra. Nuovi ingaggi lo aspettavano.

15
Un uomo richiestissimo

Ben prima di aggiudicarsi il ruolo di Christian Grey, Jamie era stato scritturato per la seconda stagione di *The Fall*, quindi era quello il suo impegno prioritario dopo l'ultimo ciak di *Cinquanta sfumature*. All'inizio del 2014 è tornato a Belfast. «Sono entusiasta di riprendere la lavorazione della serie» ha annunciato al «Daily Mirror». «Allan Cubitt ha superato se stesso, i copioni degli episodi sono strepitosi.» Gillian Anderson non è stata da meno: «Sono al settimo cielo! La seconda stagione si preannuncia persino più *dark* della prima».

Nel mentre, *C'era una volta* era appena approdato su Sky on Demand e, non senza una certa ironia vista la prematura esclusione del Cacciatore dal cast, la presenza di Jamie è stata pubblicizzata come uno dei punti di forza della serie.

Lui ha continuato a insistere sul non ricercare la celebrità per se stessa e sul voler vivere un'esistenza normale. Il «Daily Mail» gli ha chiesto come stesse gestendo i cambiamenti che avevano investito la sua vita nell'ultimo anno. «Dal punto di vista professionale il successo aiuta, ma per il resto è rimasto tutto uguale» ha risposto. «Non mi succede poi tanto spesso di essere riconosciuto per strada, tranne la volta in cui un tizio gridò: "Ehi, quello è un serial killer!", provocando reazioni piuttosto interessanti nei passanti. *The Fall* ha trasformato in parte lo scenario della mia carriera, ma la disoccupazione è un rischio concreto per gli attori: sono pochi quelli ai quali capitano molti ingaggi. Io sono più che soddisfatto di poter lavorare in progetti di qualità.»

Dopodiché è arrivato il momento dei riconoscimenti. Nell'aprile del 2014 c'è stata la cerimonia di consegna dei premi IFTA, gli Oscar irlandesi per il cinema e la televisione, e Jamie ne ha vinti due, come Miglior attore televisivo per *The Fall* e come Star emergente. L'interpretazione di Paul Spector gli è valsa poi una nomination come Miglior attore ai premi BAFTA. In quel caso non ha portato a casa il premio, ma non per questo Jamie ha perso il suo consueto senso dell'umorismo. «Mi piacciono i ruoli in cui non devo legare al letto la mia co-protagonista» ha commentato. «Ormai sono diventato esperto di almeno un paio di nodi, ma li ho già usati un po' troppe volte.» Poteva riferirsi indistintamente a Paul Spector o a Christian Grey.

Né si faceva scrupolo di provocare i fan. Su Instagram ha pubblicato un fotogramma di *Cinquanta sfumature* che lo ritraeva in boxer, con Dakota bendata e inginocchiata ai suoi piedi. «Vi piace?» domandava nel commento. Le risposte affermative sono state tante e tali da non lasciare alcun dubbio sulla trepidazione per l'uscita del film. Si è piazzato all'ottavo posto nella classifica degli uomini più sexy della rivista «Heat» (il primo è stato assegnato a Zac Efron, mentre Jamie è stato la più alta new entry, nonché l'unico irlandese), ma la sua modestia ha continuato a conquistare le folle. Accolto dalle acclamazioni dei fan alla consegna dei BAFTA che si felicitavano con lui per la prima nomination ricevuta, lui ha ribattuto, con la sua solita umiltà (e probabilmente sbagliando), che forse sarebbe stata anche l'ultima. Alla domanda su quale dei due ruoli, tra quello di Paul Spector e quello di Christian Grey, avesse esercitato un maggiore impatto sulla sua esistenza, ha replicato di non saperlo ancora, dato che *Cinquanta sfumature* non era ancora uscito nelle sale. Il commento tradiva una punta di nervosismo. Non poteva negare quanto fosse cambiata la sua vita, ed era consapevole che incombevano capovolgimenti ancora più radicali. «Temo che perderò la ragione» ha confessato in un'altra intervista al «Guardian». La dichiarazione era in parte dovuta alla stanchezza, ma anche alla reazione, ai suoi occhi sproporzionata, alla notizia del suo ingaggio nel film.

Nell'aprile del 2014, un'altra pellicola vedeva la sua partecipazione: *Flying Home*, girato nel 2012 e distribuito solo in Belgio, ma in seguito apparso in DVD e per questo conosciuto presso un pubblico più vasto. Diretto dal grande regista belga Dominique Deruddere, è incentrato sulla vicenda di Colin, giovane e facoltoso newyorkese, completamente dedito al lavoro fino a un viaggio nelle Fiandre, dove intende acquistare un piccione di razza per un potenziale cliente, un ricco sceicco arabo, in cambio di un contratto con la sua azienda. Spacciandosi per un insegnante in cerca di informazioni sul bisnonno, morto nella Grande Guerra, nelle Fiandre Colin incontra Jos, il proprietario del piccione, e sua nipote Isabelle (Charlotte De Bruyne), con tutte le complicazioni del caso. Il film, interpretato tra gli altri da

Anthony Head nel ruolo del padre di Colin, ha suscitato un fremito nel sempre più numeroso seguito di fan di Jamie, delusi alla scoperta che la distribuzione in sala si sarebbe limitata al Regno Unito.

«L'attore che avrebbe impersonato Colin doveva riuscire a ritrarre in modo credibile la metamorfosi di uno spietato uomo d'affari che, sui campi delle Fiandre, si interroga sul proprio stile di vita» ha affermato il regista sul sito web della pellicola. «Avevo ricevuto moltissimi curricula e video di giovani artisti che corrispondevano al profilo di "bello e affermato", ma tutti privi della profondità essenziale al personaggio. Jamie aveva ben altro rispetto a quanto la sua avvenenza lasciasse presagire. Mi ha interessato da subito, poi ho visto una sequenza di *The Fall* e... be', sono rimasto a bocca aperta. Quel giovane fotomodello era un vero attore! È stato in grado di trasmettere l'acuirsi dei dubbi e del tormento interiore del protagonista con grande sottigliezza e talento. In futuro si sentirà parlare molto di lui, a livello internazionale, non ultimo per il suo ruolo in *Cinquanta sfumature di Grigio*.»

Jamie ha concesso un'intervista al sito belga Cobra, ammettendo con un certo imbarazzo di non parlare fiammingo (producendosi però in qualche frase) e di essere rimasto sorpreso per i prezzi dei piccioni di razza sul mercato degli allevatori. Ha aggiunto poi che il film è sincero e commovente, con un leggero tocco europeo, e che quando Colin si trova al bivio tra bene e male, sceglie la strada giusta. «Il copione mi era piaciuto, e adoro Dominique» ha dichiarato. Il sentimento era chiaramente ricambiato.

Il progetto è stato giudicato più che gradevole, e il

tempismo dell'uscita non avrebbe potuto essere più azzeccato. «Una classica storia sentimentale il cui punto di forza è la presenza dell'ex modello di Calvin Klein e futura star di *Cinquanta sfumature*, Jamie Dornan, nel suo primo ruolo romantico, un elemento sufficiente a suscitare l'interesse dei più astuti distributori di nicchia che potranno avvalersi della valanga di pubblicità destinata a scatenarsi con la sua interpretazione di Christian Grey. In Belgio, l'aprile scorso, il film ha realizzato un incasso pari a 500.000 dollari, discreto se non spettacolare» ha scritto Boyd van Hoeij sull'«Hollywood Reporter», proseguendo poi con una recensione positiva. In generale, le opinioni viaggiavano su questo tenore.

Nel 2014 Ermenegildo Zegna ha voluto Dornan come testimonial della campagna per la collezione primavera-estate. Ma era evidente che qualcosa fosse cambiato. In passato, era considerato un modello che tentava di riciclarsi come attore; adesso era un attore che di tanto in tanto posava per una pubblicità.

Ha cominciato anche ad accettare nuovi ingaggi, il primo per un film dal titolo *Chef*, in seguito modificato in *Adam Jones*. Il cast vanta nomi di notevole spicco: Bradley Cooper nei panni dello chef eponimo; Uma Thurman, Emma Thompson, Sienna Miller e Lily James, tanto per citarne alcuni. La sceneggiatura è firmata da Steven Knight e la regia affidata a John Wells. Si tratta di una commedia, genere che Jamie desiderava sperimentare da parecchio tempo. Gli serviva una pausa dai personaggi tormentati e problematici. La trama, così come i dettagli del progetto, è stata resa nota solo a grandi linee: lo chef Adam-Bradley smette di cucinare per qualche anno, sprofonda in una spirale di autodistruzione a Parigi, poi si trasferisce a Londra e si impegna per aggiudicarsi la terza stella Michelin. I membri del cast, Jamie compreso, sono stati fotografati nel ristorante a due stelle di Marcus Wareing, a Knightsbridge. Di sicuro sarà un'esperienza ben diversa dalle precedenti e forse il motivo per cui ha accettato di prendervi parte è proprio per evitare di finire prigioniero di uno stereotipo, oltre a essere un ruolo ideale per un giovane attore.

Poi è stata la volta di *The Siege of Jadotville*, film d'azione di produzione irlandese sulla resistenza di centocinquanta connazionali, soldati dell'ONU guidati dal comandante Pat Quinlan (Jamie) in Congo nel 1961. Giunti in Africa a seguito dei disordini scoppiati nel paese dopo che Moïse Tshombé ha assassinato il leader congolese Patrice Lumumba e assunto il controllo della regione del Katanga, i militari si trovano assediati da tremila combattenti dell'esercito locale al comando di mercenari francesi e belgi. La lavorazione, per la regia di Richie Smyth, sarebbe iniziata dopo la prima di *Cinquanta sfumature*, con set in Irlanda e Sudafrica.

«Non vedo l'ora di essere assediato a Jadotville» ha dichiarato Jamie all'«Irish Independent». «È una vicenda incredibile, e quello del comandante Pat Quinlan sarà un personaggio magnifico da interpretare. Sono un grande fan sia di Richie Smyth sia di Alan Moloney [il produttore], e sono molto impaziente di lavorare con entrambi.»

Come spesso accade quando sei in auge, tutti pretendono di averti. Il cast di *C'era una volta*, per esempio, ora rimpiangeva amaramente la perdita del suo bellissimo Cacciatore e inviava piccoli messaggi affettuosi nell'etere, nella speranza di riavere Jamie con sé. «Siamo rimasti ottimi amici ma, ovviamente, il suo calendario è fitto di impegni» ha detto Emma-Jennifer Morrison a «E!». «Ciononostante, speriamo che un giorno troverà il tempo di tornare per qualche episodio sui trascorsi dello sceriffo Graham.» Ipotesi molto improbabile. Con il resto del mondo a portata di mano, perché rientrare in una serie che si era lasciato alle spalle?

Jennifer, però, conservava bei ricordi di quel periodo. «Insieme ci siamo divertiti da pazzi. Uno dei tanti colpi di genio di Adam e Eddy è stata la scelta di attori che avessero tra di loro un'ottima intesa. Lavorare con Jamie è stato un autentico piacere, come anche collaborare con Michael Raymond-James, e con Colin. Ci capivamo alla perfezione, in modi diversi ma molto efficaci. [...] Insomma, sono stata benissimo con Jamie, e sul set ne soffriamo la mancanza.»

Lana Parrilla, alias la Regina Cattiva, sembrava aver capito meglio la situazione. «Adesso gli capiteranno opportunità migliori. Nei prossimi mesi interpreterà un potenziale blockbuster. È un artista bravissimo e io ho esultato quando ho saputo del suo ingaggio, perché lo meritava davvero. Vogliamo bene a Graham, amiamo Jamie e sentiamo la sua mancanza, ma sappiamo che è felice e che le cose gli vanno alla grande. Questo ci rasserena.»

La varietà di ruoli che ora gli viene offerta è la prova della sua popolarità, ormai alle stelle. Ogni produzione vuole fregiarsi del suo nome. Del suo passato di modello nessuno fa quasi più parola (anche se talvolta si lascia convincere a posare per qualche campagna pubblicitaria), mentre tutti sgomitano per aggiudicarsi la partecipazione di quella gettonatissima nuova star. Nemmeno

Dakota ha suscitato lo stesso livello di attenzione. È lui la vera star della produzione, la celebrità sotto i riflettori.

Non molto tempo dopo è uscito un nuovo trailer, questa volta per *The Fall.* Nella sequenza, Stella Gibson è distesa su un letto, con Paul che la fissa minaccioso dallo sfondo. Aveva ucciso anche lei? No. Un istante dopo, la donna apre gli occhi. I fan dell'attore avrebbero dovuto pazientare ancora prima di vederlo in *Cinquanta sfumature*, ma la nuova stagione di *The Fall* era imminente, con una tensione sessuale sempre più intensa tra i due protagonisti, e diverse congetture sulle loro future interazioni.

Nel frattempo, la vita privata procede tranquilla. È a suo agio nel ruolo di marito e di padre, e nelle molte occasioni in cui i paparazzi lo hanno sorpreso insieme alla famigliola, l'attore è apparso sereno e sorridente. È inoltre impegnato nel sociale, intensificando il suo contributo a vantaggio di cause benefiche. Oltre a Tiny Life, l'associazione di suo padre, ha patrocinato l'associazione inglese per la ricerca sul cancro al pancreas, quella nordirlandese in favore dei bambini cardiopatici, o Heartbeat NI, e la raccolta di fondi per un giovane nordirlandese di nome Finton, colpito da un collasso durante una partita di rugby e al quale in seguito era stato diagnosticato un cancro. Ha disegnato un bozzetto per un'asta eBay a favore del Neurofibromatosis Network, per la ricerca sulla neurofibromatosi. Queste singole iniziative hanno avuto un impatto enorme e si sono diffuse velocemente grazie al passaparola dei fan.

E adesso, cosa gli riserva il futuro? Jamie è senz'altro destinato a diventare una delle principali star della sua generazione ed è già la più importante celebrità proveniente dall'Irlanda del Nord negli ultimi anni. Ha dato prova di essere ben più di un bel faccino: è un attore profondo e poliedrico, capace di interpretare personaggi diversissimi e di impegnarsi in progetti di ogni genere a distanza di breve tempo. In un'intervista del 2014 ha dichiarato: «Al momento ho portato a termine tre produzioni, una di seguito all'altra [*The Fall*, *New Worlds* e *Cinquanta sfumature di Grigio*]. Ora aspetto di verificare come saranno accolte dal pubblico. Se non riceverò offerte che mi soddisfano, potrò sempre dedicarmi al golf e a cambiare pannolini». Senz'altro potrebbe permetterselo – pare che, tra le altre cose, si sia aggiudicato una quota degli incassi sulla trasposizione del romanzo di E L James, e ci sono ottime probabilità che si ritrovi presto tra le mani un patrimonio favoloso – ma non pare abbia davvero intenzione di sedersi sugli allori. Sa che il suo momento è adesso e non si lascerà di certo sfuggire i vantaggi di una situazione simile.

«Non mi sono mai sentito in dovere di dimostrare niente a nessuno, tranne a me stesso» ha affermato in un'intervista al «Guardian». «Ma la mia è una prospettiva particolare. Agli occhi degli spettatori sembro sbucato dal nulla, in realtà mi sono presentato a centinaia di provini, senza approdare a niente. Se ci ripenso oggi, non riesco a capacitarmi di essere sopravvissuto a tanti fallimenti.» E ha ammesso senza alcuna remora di aver potuto sbarcare il lunario solo grazie alla carriera di modello. «È stata una fortuna. Se non avessi avuto quelle entrate, sarei stato costretto a rinunciare al cinema. Invece potevo salire su un aereo, fare un servizio qua, un altro là, poi tornare a prepararmi per un provino... E a prendermi un'altra porta in faccia.»

La gavetta era stata lunga, ma tenendo duro aveva fatto la scelta giusta. Anche all'attore più talentuoso del mondo serve un pizzico di fortuna per sfondare, e lui ne è consapevole. Non permetterà al successo di dargli alla testa: l'ha sempre tenuta ben piantata sulle spalle. Si è impegnato a fondo e ha dato il meglio di sé, in ogni occasione.

E così era stato quel ragazzo di Belfast che aveva superato tragedie e ostacoli a surclassare i più grossi nomi della sua generazione, aggiudicandosi il ruolo che tutti volevano. Finalmente, era asceso al firmamento del cinema.

All'annuncio che avrebbe vestito i panni di Christian Grey, espresse a chiare lettere il proprio atteggiamento nei confronti del personaggio. «In tanti hanno amato il libro, e questo è un aspetto che mi sta davvero a cuore» dichiarò a «Entertainment Weekly». «Posso assicurare ai numerosi fan della trilogia che mi impegnerò a interpretare Christian Grey nel modo più autentico possibile. Non posso promettere di soddisfare le aspettative di tutti; persino il fatto di avermi scelto per la parte ha suscitato qualche protesta, ma adesso sono qui, e ci metterò l'anima.»

Era la stessa dedizione profusa in ogni progetto della sua vita, uno spirito di abnegazione che lo aveva portato molto lontano. E presto anche oltre.

Crediti delle immagini fotografiche

Pagina 1: © WENN Ltd/Alamy.

Pagina 2: Fotografia Sipa Press/Jamie Dornan, Eva Mendes, Kerry Washington, Rose Byrne, Thandie Newton, Carine Roitfeld e Alexandra Shulman/Rex Features (in alto); Jamie Dornan e Eva Mendes, campagna di Calvin Klein Jeans/Charles Guerin/ABACA/PA Images (in basso).

Pagina 3: Jamie Dornan e Mischa Barton/Rex Features (in alto a sinistra); Fotografia di Richard Young/Jamie Dornan e Sienna Miller/Rex Features (in alto a destra); Jamie Dornan e Keira Knightley/Getty Images (in basso a sinistra); Jamie Dornan e Keira Knightley/© Jean/EMPICS Entertainment/PA Images (in basso a destra).

Pagina 4: © AF archive/Alamy (in alto); Fotografia di Boothnation/Jamie Dornan e Amelia Warner/Rex Features (in basso).

Pagina 5: Jamie Dornan e Kirsten Dunst in *Marie Antoinette*/Capital Pictures (in alto); Jamie Dornan alla première di *Marie Antoinette*/Getty Images (in basso).

Pagina 6: Fotografia di Ophelia Wynne/Camera Press London.

Pagina 7: Jamie Dornan e Jennifer Morrison in *C'era una volta*/Capital Pictures (in alto); Jamie Dornan in *C'era una volta*/Capital Pictures (in basso).

Pagina 8: Jamie Dornan in *The Fall*/Allstar Picture Library (in alto); Jamie Dornan agli Irish Film and Television Awards/Getty Images (in basso).

Pagina 9: Jamie Dornan ai «GQ» Awards/PA Images.

Pagina 10: Jamie Dornan e Dakota Johnson/Capital Pictures.

Pagina 11: Jamie Dornan e Dakota Johnson in *Cinquanta sfumature di Grigio*/Capital Pictures (in alto); Jamie Dornan/AKM-GSI (in basso).

Pagina 12: Jamie Dornan e Freya Mavor in *New Worlds*/Capital Pictures (in alto); Jamie Dornan al *Graham Norton Show* (2014)/ Topfoto (in basso).

Pagina 13: © Pictorial Press Ltd/Alamy.

Pagina 14: Fotografia di Chris O'Donovan.

Pagina 15: Fotografia di Ophelia Wynne/Camera Press London.

Pagina 16: Jamie Dornan e Dakota Johnson in *Cinquanta sfumature di Grigio*/Capital Pictures.

Indice

1. Inizia la caccia 5
2. Baby Jamie 20
3. Il “Torso d’oro” 35
4. Fiabe di celluloide 50
5. *Succès de scandale* 65
6. *Nice to Meet You* 80
7. Il cuore è un cacciatore solitario 97
8. Slow Moving Millie 109
9. Nessuno sa cosa passa davvero per la testa di un altro 124
10. È nata una stella 139
11. Dopo *The Fall* 151
12. Nuovi mondi 165
13. Snowqueens Icedragon 179
14. Il signor Grey può vederla, ora 194
15. Un uomo richiestissimo 209

Crediti delle immagini fotografiche 219